教育経営における責任・統制構造に関する研究

三 浦 智 子 著

風 間 書 房

目　　次

序章 ……………………………………………………………………………… 1

　第1節　本研究の目的 ………………………………………………………… 1

　第2節　本研究の背景 ………………………………………………………… 3

　第3節　本研究の構成 ………………………………………………………… 8

第1章　我が国の教育経営に対する民主的統制としての

　　　　「学校参加」 ……………………………………………………………… 15

　第1節　学校教育における保護者・地域住民の位置づけ ……………… 15

　第2節　保護者・地域住民による「学校参加」に期待される

　　　　　役割の変化 …………………………………………………………… 19

　第3節　我が国における「学校参加」研究の課題 ……………………… 29

第2章　教育経営における責任・統制構造

　　　　―本研究における分析枠組み― ……………………………………… 41

　第1節　教員に求められる責任とその職務の自律性 …………………… 41

　第2節　教育経営におけるアカウンタビリティ論の再検討 …………… 47

　第3節　「内部アカウンタビリティ」の決定要因 ……………………… 55

　第4節　行政責任・統制の類型と教育経営への応用 …………………… 66

　第5節　本研究における分析枠組み ……………………………………… 72

第3章　学校評議員が校長の意思決定にもたらす影響に見る

　　　　「外在的・非制度的統制」の可能性 ………………………………… 79

　第1節　分析枠組み ………………………………………………………… 79

第2節　学校評議員制度に対する校長の評価とその機能 ………………… 81

第3節　学校評議員制度の機能を規定する要因 ……………………… 86

第4節　小括 ……………………………………………………………… 94

第4章　「外在的・非制度的統制」の機能
―保護者の教育要求の受容・反映と子どもの学力達成― ……………… 99

第1節　保護者による学校参加の促進と TIMSS2011の結果 ………… 101

第2節　学校-保護者間の関係性が子どもの学力達成に

及ぼす影響 ……………………………………………………… 108

第3節　（補論）保護者による学校評価の結果の活用状況 ………… 118

第4節　小括 ……………………………………………………………… 120

第5章　「内在的・非制度的統制」の機能(1)
教員による教育活動の「民主性」にもたらされる影響 … 123

第1節　学校の「内部アカウンタビリティ」と「外部アカウンタビリ

ティ」の関係性―教員を対象とした認識調査の結果から― ……… 124

第2節　学校の「内部アカウンタビリティ」が保護者の満足度に

もたらす影響 …………………………………………………… 129

第3節　小括 ……………………………………………………………… 134

第6章　「内在的・非制度的統制」の機能(2)
教員による教育活動の「専門性」にもたらされる影響 … 137

第1節　子どもの学力達成と学校の取り組み ……………………… 138

第2節　学校の組織構成員間の関係性と子どもの学力達成 ………… 145

第3節　学校の組織構成員間における組織学習と子どもの

学力達成 ………………………………………………………… 152

第4節　小括 ……………………………………………………………… 156

第 7 章 「内在的・制度的統制」が「内在的・非制度的統制」
　　　　にもたらす影響―「教員間の協働」の決定要因― …………… 159
　第 1 節　学校組織構成員間の関係性と社会的・制度的環境 …………161
　第 2 節　社会的・制度的環境が学校組織内部の経営過程に
　　　　　もたらす影響 ……………………………………………………163
　第 3 節　社会的・制度的環境が教員間の協働にもたらす影響 …………168
　第 4 節　小括 ……………………………………………………………177

終章 ………………………………………………………………………… 181
　第 1 節　本研究から得られた知見 ………………………………………181
　第 2 節　政策的含意及び今後の研究課題 ………………………………189

参考文献 ……………………………………………………………………… 193
あとがき ……………………………………………………………………… 203
資料 1　「学校運営における学校と保護者・地域住民との関係に
　　　　ついての実態・意識調査」調査票 ……………………………… 208
資料 2　「学校、保護者・地域住民、教育委員会の関係に関する
　　　　実態・意識調査」調査票 ……………………………………… 218
資料 3　「地域と学校との関係に関するアンケート調査」調査票 ……… 229

序　　章

第1節　本研究の目的

　本研究は、我が国における教育経営—公立学校経営及び教育委員会による学校管理・支援—における統制と責任の構造について、実態を明らかにし、その課題について検討することを試みるものである。

　行政学者の村松岐夫は、「『誰が支配し、いかに実施するか』が『いかなる結果をもたらすか』」という点を行政学における基本的な問いとして挙げている。言い換えれば、行政の技術とこれに対する管理・統治の在り方、政策の合目的性といった事柄の相互関係を問うことが「行政学のアイデンティティ」であるということである（村松 1999: 2-4）。

　我が国における教育経営研究も、行政学における基本的な問いと同様に、「『誰が支配し、いかに実施するか』が『いかなる結果をもたらすか』」という点についての追究を目指してきたと言ってよいだろう。しかし、教育行政あるいは学校経営のそれぞれにおいて「誰が支配し、いかに実施するか」という点についての解明を試みるに留まり、「いかなる結果をもたらすか」という点までを考慮した十分な検証を行ってきたとは言い難いように思われるのである。

　その理由として、まず、我が国における教育経営研究の特徴に関して、教育行政にかかる研究と学校経営にかかる研究とが別個のものとして展開されてきた側面があることが挙げられる。例えば、近年の教育行政研究においては、地方分権改革の流れの中で、文部科学省と地方教育委員会との関係性あるいは教育委員会制度の機能に関する議論等を中心に、教育の機会均等ある

いは結果の平等について、制度あるいは政策の上でいかに担保し得るのかが
継続的に議論されてきたところであるが、一方で、学校経営研究においては、主に保護者や児童生徒、地域住民による学校参加、あるいは校内自治や教員間の「協働」の機能を対象として、学校経営あるいは学校教育活動の「民主性」や教員の「専門性」の向上に資するための議論が展開されてきた。教育行政運営を対象とした研究と、学校組織の経営を対象とした研究とがそれぞれに展開されているため、学校教育がもたらす結果ないし結果がもたらされるプロセスについて、教育行政運営と学校組織経営の間の影響関係を視野に入れた十分な検討がなされていないように思われるのである。学校経営あるいは学校教育活動の「民主性」や教員の「専門性」については、学校レベルの経営のみによって担保され得るものではなく、文部科学省や地方教育委員会による施策あるいは制度設計・運用による影響をも考慮した議論が必要ではないか。

　本研究では、学校における校長及び教員の行動がいかなる要因によって規定され、いかなる結果をもたらし得るのか、学校レベルの要因のみならず、教育行政運営レベルの要因についても視野に入れ、学校の成果がもたらされる過程について検証を試みる。つまり、学校のアカウンタビリティ―公教育に求められる目標や水準の下で、教員の専門的判断に基づき子ども・保護者等の多様な教育要求に応答すること―が保障される過程の解明を目指すということであるが、着目すべき点は、学校教育の責任を担保するための統制の在り方である。学校教育における「専門性」と「民主性」を支える手段としての統制の在り方について、教育委員会と学校とを包括的に捉える「教育経営組織」という概念を用い、その内外においてなされる制度的あるいは非制度的な統制に注目し、これらの統制の手段が相互補完的に成果を生み出す過程を明らかにすることにより、教育経営改革の方向性、あるいはこれを支えてきた理論について課題を見出すことを本研究のねらいとする。

第2節　本研究の背景

　本研究の背景となる我が国の政策的課題として、次の2点が挙げられる。

　第一に、公立学校改革の方向性として、保護者等による学校参加を前提とした「学校の自主性・自律性」の確立が目指されてきたことである。

　我が国では、1970年代前後から公立学校の荒廃が問題視されるようになり、1980年代に入り臨時教育審議会による「開かれた学校」づくりの提唱等を経て、学校の自主性・自律性の確立、すなわち、学校の画一性を排し特色ある学校を目指す「教育の自由化」動向が強められてきた。こうした動向の中で、親による学校参加の必要性も主張されるようになり、学校教育における親の教育権の存在が明確にされてきたと評されている（岩永 2000）。

　しかし、近年では、学校評議員や学校運営協議会の導入などにも見られるように、保護者・地域住民の持つ権限を強化した上で学校の意思決定に直接参画する機会の確保を目指す、あるいは、学校の教育活動の一部を保護者・地域住民が担うことで学校を支援し、学校と家庭・地域が連携する形で学校教育活動を実施するといった側面がより強調されるようになってきており、子ども・保護者等の多様な教育要求への応答という、公立学校が抱える教育上の本来的な課題が不明瞭になってしまっているようにも捉えられる。そして、こうした傾向は、子ども・保護者等の多様な教育要求に学校・教員が応答するために、教育政策実施過程の在り方を問い直す改革の視点、あるいは、学校・教員に求められる力量それ自体の維持・向上をいかに促すか、といった点に関する多面的な議論の展開を阻んできたようにも考えられるのである。

　従来の教育経営研究においては、保護者等による学校参加の必要性が論じられる一方で、日頃の教育活動を教員の自主性・自律性に任せることがその専門性を高く維持するための手立てであるように主張されてきた印象があ

る。こうした主張の背景には、昭和30年代から続く「教職の専門職化」を求める動きがあったことも確かであろう。市川昭午は、「専門技術性」こそが「専門職」の基盤となるが、教職の場合、この「専門技術性」が脆弱であることがその専門職化を阻む最大の障害となってきたと指摘し、教職の「専門技術性」が未確立と見られる理由について、教員免許の資格水準が低く、その取得が容易であることや、資格があっても採用試験に合格しなければ教員になれないなど資格が実質的に無視されていること、信頼できる教育の知識と技術が確立されていない点を挙げる（市川 1986: 12-13）。また、教員の専門職化が進展してもなお学校の質的向上が見られないことを受け、「古典的な専門職観」は、「何よりも学習者の自発性や保護者の要望を尊重し、教育活動に関して地域住民など学校外部の人々の協力を求め、関係者の合意を得ながら、創造的な教育を進めていくという、新しい学校教育の行き方に適合しない」ばかりでなく、「専門職論の根底にあるメリトクラシー原理は、民主主義社会における大衆教育と矛盾する要素を有している」とも指摘する（市川 1986: 23）。つまり、「古典的な専門職観」において重視される教員の「専門技術性」には、教員以外の者の関与から一線を画し、教員集団内に"閉じられた"ものとして位置づけることでその脆弱性を払拭しようとしてきた側面があることが否めないということであり、このような"閉じられた"専門性は、却って、幅広い層の子ども、あるいは（専門職ではない素人としての）保護者等による多様な教育要求への応答や、保護者等との協働的な教育活動の実施の妨げとなるということが指摘されているのである。

　さらに、市川は、「学校現場の管理運営に関して、学校内部の自律性を認めるべきかという問題は、学校教育の機能、従って学校の制度的性格にどれだけ特異性を認め、教師の専門性をいかに評価すべきかということに帰する」（市川 1966: 354）とした上で、「民主的な学校経営管理が教職員の専門職性をたかめると同時に、教職員の専門職性が民主的な学校管理の前提とされている」（市川 1966: 357）と指摘する。「教員」の職務に関する特有の議論と

して、子どもの教育要求に適切に応答することがその専門性として位置づけられており、子どもの真の要求に応じた教育を実施できるか否かは、学校組織内部において民主的な意思決定の手続きが採用されている、あるいは、教員間における相互支援や価値の共有が図られるなどの協働的な文化が構築されているかどうかに依存するものと考えられてきたところが大きいということである（浦野 2003; 佐古 2006a; 佐古 2006b; 佐古 2009 など）。

　教員が、子どもの多様な要求に応じた教育を実施できるか否かについては、学校内部の自律性や民主的な学校管理を前提とした教員の「専門職」化の程度に依存すると主張する市川（1966）等の指摘は、Freidson による専門職の定義において、その要件のひとつに職務の自律性が挙げられる点とも整合的ではある[1]。しかしながら、必ずしも「学校内部の自律性」が「民主的な学校管理」あるいは教員間の協働的な取り組みを促進するとは限らない。教員間の「協働」や「同僚性」（＝「批判的友人関係」）は、自然発生的かつ自発的に醸成されることによって教員の職能開発に適合的なものとなるのであり、これを義務化する、あるいは行政により合目的的に管理・促進されるような場合、強要的で人工的なものとなってしまう可能性（＝「企てられた協働」）がある（Hargreaves 2003）といった見方を踏まえるならば、教員の職務の自律性こそが重要とされてきたことも理解できる。ただ、自然発生的かつ自発的な協働的取り組みの実現が果たされない場合に、教員の専門性が維持できなくなることについては、いかに対処し得るのだろうか。「民主的な学校管理」あるいは教員間の協働的な取り組み自体の有効性を担保する環境や条件を整備しなければ、教員の専門性は単に“閉じられた”だけのものに

1　専門職論に関して、橋本鉱市によると、論者によって様々な専門職の要件が想定されてきたものの、Freidson がこれまでの議論を総括する形で、その中核をなすのは「自律性」であるとしたとされる。すなわち、「①国家によって公的に承認されたライセンスに基づく『組織された自律性』、②他の職種の規制からの自由だけでなく、分業体制において『支配的』地位を占めることによって、規制への自由をもつこと、③成員補充の自足性を持つこと、④クライアントを規制する正当な権利を与えられていること、の4要素から成る」という理解である（橋本 2006: 112-113）。

6

なってしまうのではないか。

　先述のように、1970年代後半頃からその必要性が主張されてきた保護者等の学校参加は、本来、教員の"閉じられた"「専門性」に学校教育を任せきりにするのではなく、保護者等が直接に参加することで「民主性」を高め、学校教育の質の向上が図られることを期待したものである。子ども・保護者等の教育要求に学校が適切に応答できているのかどうかを含めた教員の専門的職務の遂行状況について、教育を受ける側にありその当事者でもある保護者自身がチェックすることには限界があるという考え方も成り立ち得ることを考えれば、保護者等の学校参加は民主的統制の仕組みとしてそれ自体に根本的な欠陥を有するとも言える[2]。職務の自律性を前提とした"閉じられた"教員の「専門性」を保護者等に"開く"ことは、果たして学校教育活動の「民主性」の向上にどの程度寄与し得るのか、また、学校組織内部において、教員らが「専門職」としての力量を自律的に維持形成するための協働的な取り組みは、いかなる環境・条件の下であれば、教員による教育活動の「民主性」や「専門性」の向上に寄与し得るのか、検証を試みることの意義は大きいものと考える。

　本研究の背景となる第二の政策課題は、戦後の我が国において「教育行政の住民統制」の理念の下に創設された教育委員会制度が現在大きな転期を迎えていることである。

　2013年12月、中央教育審議会による答申において教育委員会制度の見直しが提言されたが、周知のとおり、本答申には、教育行政の最終的な責任者を首長とする案と、従来通り教育委員会に責任を残すとする案が併記された。

2　広田照幸は、「学校参加は、官僚制的な学校組織に対する対抗的なビジョンではある。それは、超越的な組織の使命を喪失した現代の学校が、当事者の議論と意思決定を組織化の基準とすることによって、自己調整するための装置である。」とした上で、「確かにそれは個人と制度の間の軋轢を予防ないし緩和しうる。しかしながら同時に、当事者間の新たな軋轢を生むことになるとともに、市場化論に回収されてしまいかねない危うさを持っている」と論じている（広田 2004: 69）。

この答申に基づき、2014年6月には地方教育行政の組織及び運営に関する法律が改正され、教育長と教育委員長を統合した（新）「教育長」を設置し、首長が議会の同意を得て直接任命・罷免することに加え、各自治体に首長と教育委員会とが協議する「総合教育会議」を新設し、教育行政の指針となる大綱を策定することとされたのである。

　今次の教育委員会制度改革においては、住民の直接選挙で選ばれた自治体首長の教育行政への関与とその責任の明確化が図られたことが最大の変更点と言えるが、こうした改革が、教育委員会に求められる専門的な対応の内容それ自体の質を保障し得るかという点では必ずしも効果があるとは言えないようにも思われるのである[3]。首長が自治体の教育行政の指針に関与することが、教育委員会あるいは教育現場にもたらす影響力は、首長の属性や政治的主張に大きく左右されるところとなるであろうし、教育に特有の事情に対する（教育）行政上の考慮はより困難となる可能性は否定できない。今次の改革は、2012年に発生したいじめ問題への教育委員会による対応の遅れを契機として加速化されたものであるが、教育（行政）上の適切な問題解決や教育経営の質的改善について、首長の関与の強化による「民主性」の追求のみをもってそれを実現できるとは考えにくいのではないか。

　このような教育行政レベルでの民主的統制の手段の見直しが、教育委員会による学校管理・支援の在り方、ひいては学校のアカウンタビリティにどのような変化をもたらすのか、その検証については今後の課題となろうが、こうした中で、学校レベルにおける教員の「専門性」の維持向上を図るための

3　村上祐介は、今次の教育委員会制度改革に対する評価については見解の分かれるところであるとし、大きく3点─「第1に、教育委員会が決定権を有する執行機関として残ったことを評価し、常勤の教育長が責任者となることで責任の明確化が図られるとの見解」、「第2に、首長が大綱を策定し、さらに自らが主宰する総合教育会議が設置されることで、首長の関与が過度に強まり教育委員会がこれまで以上に形骸化するとの批判」、「第3に、首長に教育行政の権限を一元化するべきであるとの立場からは、教育委員会に決定権が残る今回の改革は不十分という評価」─に整理し、「さらにそれらの評価とはまた別の批判として、教育長に権限が集中することへの懸念も小さくない」としている（村上 2014: 79）。

取り組み、そして、その有効性を担保するための手立てについて検討することの必要性はさらに高まっているものと考えられるのである。

第3節　本研究の構成

　そこで、本研究では、先述のように、公教育に求められる目標や水準の下で、教員の専門的判断に基づき子ども・保護者等の多様な教育要求に応答することを学校の「アカウンタビリティ」と捉え、その保障を図る上で、教育経営組織における責任体制や統制の構造が抱える課題について検討を試みることとする。つまり、教員らによる教育活動の「専門性」が発揮され、その結果における「民主性」が適切に実現されるための条件について検証を試みるということである。

　ここでいう「教育経営組織」とは、先述のとおり、学校と教育委員会とを包括的に捉えるための概念である。我が国における公立学校経営は、各学校組織において自律的に行われているのではなく、教職員定数や人事、学校予算、あるいは教育課程等にかかる文部科学省・教育委員会の定める基準や指導助言に基づいて行われている。本研究において「教育経営組織」の概念を用いるのは、教員による教育活動の態様を観察するにあたり、学校組織内部における経営のみならず、教育委員会による学校に対する関与についても考察の対象とした検証が必要と考えるためである。また、学校の「アカウンタビリティ」については、教員の「専門性」が発揮され、その教育活動において子ども・保護者等の多様な教育要求への適切な応答が図られる、すなわち「民主性」が担保される点に注目する立場から、本研究では、具体的には、子どもの学力達成の程度、あるいは保護者の教育要求への応答あるいは学校教育に対する保護者の満足度を指標として捉えることとする。

　検討にあたっては、市川（1966）等により指摘されてきた、教員の専門職性を支えるところの学校内部の自律性や民主的な学校運営を「内部アカウン

タビリティ」と捉え、これが「外部アカウンタビリティ」の保障、すなわち
保護者など学校の外部から寄せられる多様な教育要求への応答を促進するこ
とを指摘したエルモア（Elmore 2004=2006）によるアカウンタビリティ論を
参照しつつ、我が国における教育経営の制度的特徴—すなわち、公立学校の
成果は、学校組織内部の経営のみによって生み出されるのではなく、公立学
校への資源配分や専門的な指導助言など教育委員会による学校管理・支援に
よる影響を多分に受けているという点—を考慮した統制手法・構造について
モデル化を試みる。具体的には、学校組織の内外におけるアカウンタビリ
ティの関係性を論じたエルモアのアカウンタビリティ論に加え、内在的か、
それとも外在的かという点のみならず、制度的か、それとも非制度的かとい
う点を考慮することで統制の4類型を構築した、ギルバート（Gilbert 1959）
による行政統制（責任）論を参照し、学校と教育委員会とを包含する「教育
経営組織」の内外においてなされる制度的あるいは非制度的な統制の手法・
構造が学校アカウンタビリティにもたらす影響及びその過程について実証的
に解明することを試みる。

　本研究の構成は次のとおりである。

　第1章では、まず、戦後の我が国における学校改革の大きな流れを生み出
したと考えられる臨時教育審議会答申において提唱された「開かれた学校」
政策の変遷に注目する。当初、子どもの多様な教育要求を学校が受容し応答
するべくその促進が期待された、保護者等による学校参加は、「学校のスリ
ム化」を目指す動向の中で、学校の教育活動支援の手段として位置づけられ
るようになり、さらには、「学校の自主性・自律性」の確立という政策課題
を前に、学校組織内部における教育意思の調整のための手立てとして機能す
ることが求められるように変容を遂げてきた点を指摘する。さらに、こうし
た政策動向の背景において展開されてきた「学校参加」研究において、保護
者等の「学校参加」が学校教育活動上どのような意義を持つものとして捉え
られ、実際に教員らによる教育活動の有する「専門性」にもたらす影響につ

いてどのように捉えられてきたのか、その課題を検討する。

　続く第2章では、「学校参加」をめぐる政策上あるいは研究上の課題として、我が国における教員の職務に対する「民主的統制」の効果について検証が求められていることを背景としつつ、「専門職」としての教員による責任論を踏まえ、学校アカウンタビリティの保障にあたり有効に機能し得る教育経営組織における統制の構造について、解明するための分析モデルの構築を試みる。

　分析モデルの構築にあたっては、まず、学校組織内部における教員間の情報や課題、規範の共有・調整（「内部アカウンタビリティ」）が外在的な教育要求への応答（「外部アカウンタビリティ」）を促すとする、エルモアを代表とした学校アカウンタビリティ論について検討する。学校のアカウンタビリティ保障にあたり、学校内部における教員間の協働的な取り組みが有効に機能することを指摘してきた国内外の先行研究に言及し、教員間の協働的な取り組みがどのように醸成されるのかという点については、校長のリーダーシップ（Hallinger and Heck 1997; 中留 1998; 露口 2008 など）や、学校風土・文化、その経営に関する要素が注目されてきた（Newman et al. 1989; Lee et al. 1997; Bryk et al. 2010 など）ものの、校長のリーダーシップや学校風土・文化等の組織的要因それ自体がどのように構築されるものであるのか、必ずしも明確にされているわけではなく、学校の組織的要因に加えて文脈的要因（教員の離職率、保護者・地域との関係）への着目（Bryk et al. 1999）も不可欠であるものと考えられることを指摘する。特に、我が国における公立学校経営が、学校への大幅な権限委譲が進められ、学校経営面において学校ごとの自主性・自律性が確立されている欧米の学校とは異なり、教育環境や教育内容における基準設定や教員人事、学校予算などの資源配分、あるいは指導助言を通して、文部科学省・教育委員会と学校とが密接に関わる制度の下で実施されていることを踏まえるならば、これらの制度的条件が、学校の文脈的要因として、組織的要因としての校長のリーダーシップや学校文化、ひいては教員間の協働に

もたらす影響が大きいのではないかと考えられるのである。

そこで、エルモアによるアカウンタビリティ論に加えて、行政統制（責任）の手法について類型化を行ったギルバートのモデルを参照し、学校と教育委員会からなる「教育経営組織」の内外における制度的あるいは非制度的な統制、すなわち、「外在的・非制度的統制」（＝保護者等による学校参加等）、「内在的・非制度的統制」（＝教員間の協働）に加え、「内在的・制度的統制」（＝教育委員会による学校に対する資源配分や指導助言等）を視野に入れ、これらの相互補完性を説明し得る分析モデルを提示する。

第3章以降では、第2章において提示したモデルに基づき、「外在的・非制度的統制」、「内在的・非制度的統制」、「内在的・制度的統制」のそれぞれが相互に影響し合うことによって学校のアカウンタビリティが保障される過程について、定量的データの分析を通して検証していく。

具体的には、まず、臨時教育審議会以降の学校の自主性・自律性の確立を目指した教育改革動向の中で、2000年に導入された学校評議員制度に注目し、学校の外部者としての学校評議員が学校組織における校長の意思決定に対し、どのような事柄に関してどの程度の影響をもたらし得るのか、また、その影響力を規定している要因を探る。その結果から、学校評議員による学校経営への関与は、校長による制度運用の在り方次第でその影響力が変化し得ることが明らかとなり、学校評議員制度の導入については、学校に対する外部者（保護者等）による学校経営への参画（「外在的・非制度的統制」）を「制度」化によって促進するというだけでなく、教育経営組織における校長の権限強化への寄与を期待する側面があることを指摘する（第3章）。

その上で、校長により選出される学校評議員に限らず一般の保護者等の多様な要求に学校・教員が応答し、満足度の充足を図ること、すなわち、外在的・非制度的統制を受けて学校が「民主性」の向上を目指すことは、その教育活動の「専門性」―教員が多様な子どもの教育要求に適切に応答し、子どもの学力達成を図ること―に対し、どのような影響をもたらしているのか検

証を試みる（第4章）。

　さらに、かつてより学校・教員の「専門性」の維持・向上にあたり有効と考えられてきた教員間の同僚性や協働、すなわち「内在的・非制度的統制」は、保護者の教育要求への応答あるいは学校教育に対する保護者の満足度の充足、さらには子どもの学力達成に対し、いかなる影響を及ぼし得るのかという点についても検証を行う（第5章・第6章）。

　ここまでの検証を経て、保護者等による学校参加（「外在的・非制度的統制」）は、学校による保護者の教育要求への応答ないし子どもの学力向上を促すという点で、その機能に限界があるものの、教員間の協働（「内在的・非制度的統制」）が機能することによって、学校教育に対する保護者の満足度の充足のみならず、多様な教育要求に応答しそれぞれの子どもの学力向上を図ることが可能となること、すなわち、「内在的・非制度的統制」が強化されることによって「外在的・非制度的統制」の機能を結果的に補完することとなり、保護者等の参加・関与が目指した「民主的」な教育活動の実施を促進する可能性を指摘する。

　続いて、こうした教員間の協働（「内在的・非制度的統制」）が、どのような条件の下でよりその機能を高めることができるのかについて検討する。先述のように、従来の研究においても、学校のアカウンタビリティ向上にあたり、教員間の協働が有効に機能することを指摘した研究は多く展開されてきたが、教員間の協働それ自体の決定要因について、我が国における公立学校経営の特徴を踏まえ十分な検討がなされてきたとは言い難い。そこで、従来より教員間の協働の決定要因として指摘されてきた「校長のリーダーシップ」あるいは学校内部における「社会関係資本」や「学校文化・風土」、すなわち、教員間の関係性や組織経営上の特徴、学校が置かれる地域特性等の影響を考慮しつつ、教育委員会による教員人事や学校に対する指導助言の在り方など、教育委員会による学校への専門的関与（「内在的・制度的統制」）による影響に注目し、学校アカウンタビリティの保障に向けて、教員間におい

て自律的になされる協働の効果を担保するための手段として、「内在的・制度的統制」が有効に機能する可能性が高いことについて、実証分析を通して明らかにすることを試みることとする（第7章）。

　以上を踏まえ、終章では、「外在的・非制度的統制」、「内在的・制度的統制」、「内在的・非制度的統制」のそれぞれが相互補完的に機能することによって教育経営における「民主性」と「専門性」の双方が確保され、学校アカウンタビリティの向上が図られることを確認し、我が国における「開かれた学校」政策以降の「学校の自主性・自律性の確立」を目指した改革における論点―校長の権限強化、及び保護者等による学校参加を前提として、学校単位で地域の教育要求に応じた「民主的」な教育活動の展開を目指すことの是非―についてあらためて考察する。そして、「内在的・非制度的統制」としての教員間の協働を支えるところの「内在的・制度的統制」、すなわち、教育委員会による教員人事や学校に対する指導助言など学校支援の在り方をめぐる今後の研究課題について検討を行うこととする。

第1章　我が国の教育経営に対する民主的統制 としての「学校参加」

　本章では、まず、戦後の我が国における学校改革の大きな流れを生み出したと考えられる、臨時教育審議会答申が提唱した「開かれた学校」政策の変遷に注目し、当初、子どもの多様な教育要求を学校が受容し応答するべくその促進が期待された、民主的統制の手段としての保護者等による学校参加が、「学校のスリム化」を目指す動向の中で、学校の教育活動支援の手段として位置づけられるようになり、さらには、学校の自主性・自律性の確立という政策課題を前に、学校組織内部における教育意思の調整のための手立てとしての機能を求められる形で変容を遂げてきた点を指摘する。また、こうした政策動向の下で展開されてきた「学校参加」研究において、保護者等の「学校参加」が学校教育活動上どのような意義を持つものとして捉えられ、実際に、教員による教育活動の有する「専門性」にもたらす影響はどのように捉えられてきたのか、その実態と課題について検討する。

第1節　学校教育における保護者・地域住民の位置づけ

　まず、我が国における保護者・地域住民と学校との関係は、教育改革の動向とともに変化を遂げてきたと言えるだろう。

　岩永定は、明治期の公教育制度の成立以来、戦後教育改革が行われてもなお、学校教育における国民の「客体意識」が根強く存在していたが、1970年代後半頃から学校教育における人権侵害などが問題視されるようになると、子どもの人権・学習権を代弁する親がより積極的に学校教育に関与する必要性が指摘されるようになったとしている（岩永 2000）。教師の専門性に対す

る懐疑を契機とし、親の教育権を主張する立場から、保護者・地域住民の学校教育参加のあり方が追究されるようになったということである。

このように、学校教育における国民の客体意識の転換、保護者・地域住民の「客体」からの脱却が図られる傍ら、画一的な学校教育を見直し、学校の活性化を図るという観点から、1987年の臨時教育審議会第三次答申において初めて「開かれた学校」づくりが政策課題として位置づけられる。これは、①学校施設の開放、②保護者・住民に開かれた経営、③地域教育機関のネットワークの形成といった要素からなるもので、「学校・家庭・地域社会の連携」という概念に基づき、学校を拠点とした生涯学習社会を形成し多様性に応じた学校の取り組みを促進するために、教職員間の信頼関係や学校の責任体制（保護者・地域住民の意向等を適切に把握し、責任をもって対処する）、校長の指導力の向上等が必要であることを指摘したものである。中央教育審議会においてもこの「開かれた学校」づくりの推進について審議が重ねられ、1998年の中央教育審議会答申[4]においては学校評議員制度の導入、さらに2004年の中央教育審議会答申においては学校運営協議会の設置が提言され、その後実現されるに至っている。

岩永は、2000年の学校教育法施行規則の一部改正により設置が可能となった学校評議員制度の下で、保護者・地域住民は「学校教育を円滑に展開するために必要な資源」として捉えられ、学校経営の「主体」というよりも「対象」ないしは「手段」といった位置づけに留まる状況があることを指摘している（岩永 2000）。学校評議員制度は、学校経営への保護者や地域住民の参加を促すとした臨時教育審議会答申以降の「保護者・住民に開かれた経営」

4　この答申において、学校の自主性・自律性の確立を目指す観点から、「校長の権限と責任に基づく適正な学校運営」が行われることの必要性が指摘され、その意思決定における校長のリーダーシップを強化させることが提言されたことを受けて、学校評議員制度の導入に加え、「職員会議」の校長の補助機関化、すなわち、職員会議は校長が主宰するもので、校長の職務の円滑な執行に資するものである旨が新たに学校教育法施行規則に規定された。これについて中嶋哲彦は、職員会議を校長の学校経営計画等に対する同意調達のルートに移行させるものであり、学校における教職員間での合意形成の在り方を改善するものとはならないと指摘する（中嶋 2000）。

を目指す学校経営改革路線の延長線上において捉えられてきた改革のひとつである。1998年の中央教育審議会答申『今後の地方教育行政の在り方について』において、「より一層地域に開かれた学校づくりを推進するためには学校が保護者や地域住民の意向を把握し、反映するとともに、その協力を得て学校運営が行われるような仕組みを設けることが必要であり、このような観点から、学校評議員を設けることができるよう検討することが必要である」と明記されたことが直接的な契機となって制度化されたものであるが、しかし、学校評議員は「校長の求めに応じて」意見を述べることとされているため、学校評議員の主体性が十分に確保されない可能性は高い。また、学校評議員は校長の推薦により設置者が委嘱するもので、制度上は地域を代表するものとされているが、実質的な選任は校長によってなされることから「充て職」と見られるようなケースも多く（中條 2006など）、保護者・地域住民の多種多様な教育要求を幅広く代表しているとは言い難い側面もある。さらに、保護者・地域住民と学校との関係において、校長を学校側の"窓口"として位置づける構図を前提としているように考えられ、日常の教育活動において教員と子ども・保護者との関係性の中で表出する教育要求などについてはどのように位置づけられているのか不明である。

　こうした学校評議員制度の導入に加え、2004年の地方教育行政の組織及び運営に関する法律の一部改正により、公立学校においては学校運営協議会の設置も可能となっている。学校運営協議会とは、校長の作成する学校運営方針に承認を与える、あるいは、学校運営に関する意見を述べる権限を持つほか、当該学校に配置される校長を含む教員の人事に関して、任命権者である教育委員会に意見を述べる権限が認められているものである。

　学校運営協議会は「日本版コミュニティ・スクール」とも評されるが、黒崎勲は、コミュニティ・スクールは「住民の発意に基づいて設立されるべき性格の強い学校」（黒崎 2004: 149-150）とされるもので、我が国における学校運営協議会の置かれる地域運営学校については当初、「選択の理念（「共存状

態を作り出すことにより、健全な緊張感のもとそれぞれの学校間における切磋琢磨を生み出す」）によって意義づけられるはずの新しいタイプの公立学校の導入」として構想されていたものが、制度化の過程において、「文部科学省の研究開発学校の実験テーマ」のひとつに位置づけられることとなり、そこには「学校評議員制度などに象徴される、従来からの自律と参加を主題とする『地方教育行政の在り方』の改革（例えば1998年中教審答申）という文脈に解消させる顕著な傾向」が見られることが指摘されている（黒崎 2004: 148-149）。つまり、子ども・保護者等の多様な教育要求への応答を可能とした学校教育を目指すにあたって、当初、子ども・保護者による「学校選択」を前提とした新しいタイプの学校制度として志向されていたものが、学校の多様化の手段としての「学校参加」の促進を図るという文脈において制度化されることになったのが学校運営協議会制度ということである。

　よって、学校評議員制度の下での保護者・地域住民による学校参加と比べれば、その後導入された学校運営協議会制度の下での学校参加はより「主体」的であるとの評価、あるいは、「学校の管理運営を多様なステイクホルダー間の力学に移行させる」（葉養 2005: 43）ものであるという点で学校評議員制度と共通した制度目的を持つとした評価については、その導入過程を踏まえるならば妥当な評価と言えるかもしれない。しかし、一方で、「地方公共団体が設置した学校の運営に、教育委員会の任命した委員が参加し、一定の責任を共有することにとどまるものであり、責任の共有の点でパートナーシップの性格をもつものではあるが、多様なアクターが対等な関係で学校の運営に参画していくわけではない」（大桃 2005b: 81）ことも指摘されている。現場での最終責任を負うところの校長の方針が、学校運営協議会の方針と必ずしもイコールとは限らず、学校運営協議会制度の導入過程においても、この二者の関係性が整理しにくい点が指摘されてきたところでもある（荒井 2013）。

　「開かれた学校」づくりが提唱されて以降における、保護者・地域住民に

よる学校参加をめぐる一連の制度改革については、単に保護者・地域住民による「主体」的な学校参加を促進できるか否かという点から評価を行うことは不十分であると言わざるを得ない。さらに、2000年代になって導入された学校評議員制度等については、学校経営における多様な教育要求の反映のための手段としても十分であるとは言い難く、なぜそうした制度改革が展開されるに至ったのか。次節では、臨時教育審議会及び中央教育審議会において展開された議論を辿る作業を通じて、制度改革の背景において政策理念にどのような変容があったのか検討する。具体的には、「開かれた学校」づくりの提唱以降、経済界からの要請あるいは地方分権改革の実施など社会変化の中で、保護者・地域住民による学校参加に期待される役割が変化を遂げてきた経緯を明らかにしたい。

第2節　保護者・地域住民による「学校参加」に期待される役割の変化

⑴保護者等による学校参加の法制度化の経緯

A　臨時教育審議会における「開かれた学校」の提唱

「開かれた学校」づくりが初めて提唱されたのは、臨時教育審議会の第三次答申である。「臨時教育審議会の提言の射程距離」は平成5年ごろまでであり、「少なくとも、平成7年4月の与謝野馨文部大臣の中央教育審議会に対する『21世紀を展望した我が国の教育のあり方について』の諮問は、新たな観点からなされたものと見ることができる」と指摘されるところである（渡部 2006: 373）。「文部省の政策主体としての自負、臨時教育審議会の設置の経緯・その一部委員に対する反発を含む感情などにより、臨時教育審議会に対する文部省の距離感は、大きかった」とされるが、一方で、平成12年度文部科学白書において、「現場の自主性を尊重した学校づくりの促進」等を含む「現在進めている一連の教育改革では、基本的には臨時教育審議会の答申

を受けて、その後の社会の変化などにも柔軟に対応しながら行っているもの」と述べられていること等からうかがえるように、臨時教育審議会答申は、これを契機に「文部省に改革の機運とその萌芽の施策が芽生えつつあったことは否定すべきでない」と評価されている側面もある（渡部 2006: 371-373）。

　のちの教育改革を方向づけることとなった「開かれた学校」づくりの概念は、臨時教育審議会答申においてどのように定義されたものであったのか。

　「開かれた学校」とは、臨時教育審議会答申以前は「学校施設の地域社会への開放」という狭義の意味で捉えられるものであったが、臨時教育審議会第三次答申「第2章　初等中等教育の改革」の「第5節　開かれた学校と管理・運営の確立」における記述を踏まえると、臨教審答申以後は、「学校の管理・運営への地域保護者の意見の反映（開かれた学校経営）」や「他の教育・研究・文化・スポーツ施設等とのネットワーク」といった意味も含めた概念として受容されることとなったことがわかる。社会変動を背景とした学校教育への様々な要請を受け、画一的な学校教育を見直す観点から、「学校の管理・運営への地域保護者の意見の反映（開かれた学校経営）」が有効であると認識されていたものと理解できる。

　また、臨時教育審議会答申において、「開かれた学校」づくりを実現する上で学校裁量の拡大や校長権限の拡大といったことが必要となる旨の提唱がなされた形跡は見受けられないことにも留意したい。校長を学校組織の"責任者"として位置づけ、その指導力が十分に発揮されることが必要であるとの記述に留まり、これは教職員と児童・生徒・父母等の間における信頼関係の上に成り立つものであるとされている。

B　中央教育審議会答申『21世紀を展望した我が国の教育の在り方について』（第一次答申）における「開かれた学校」の再定義

　臨時教育審議会答申が出された後、文部大臣（当時）は、我が国における

社会の大きな変化や受験競争の過熱化、いじめや登校拒否の問題等を背景として、また、段階的に進められてきた学校週5日制の在り方や、個性を伸長する教育・学校間接続の改善について検討する必要性から、「子どもたちの人間形成は、学校・家庭及び地域社会の全体を通して行われるという教育の基本に立ち返」るとし、それぞれの教育の役割と連携の在り方について、1995年に中央教育審議会に対して諮問を行った。そして、中央教育審議会では、①今後における教育の在り方及び学校・家庭・地域社会の役割と連携の在り方、②一人一人の能力・適性に応じた教育と学校間の接続の改善、③国際化、情報化、科学技術の発展等社会の変化に対応する教育の在り方、について審議が行われ、1996年7月に「21世紀を展望した我が国の教育の在り方について」（第一次答申）が出された。

学校・家庭・地域社会の連携については、同答申「第4章　学校・家庭・地域社会の連携」において、「開かれた学校」、「学校のスリム化」についての記述がなされ、ここでは、臨時教育審議会答申で提言された時とは異なる視点から「開かれた学校」づくりが提言されていると言える。すなわち、保護者・地域住民への情報公開や、保護者・地域住民の学校教育に対する意見等の聴取・反映、学校施設の開放といったことと併せて「地域の教育力や家庭・地域の支援の活用」ということが強調され、さらに、学校週5日制の段階的実施を背景として、「学校のスリム化」が提言されているのである。

「学校のスリム化」は、本来家庭や地域社会で担うべき教育活動を学校が担っている現状を改善すべきであるという主張であり、1995年の経済同友会による提言「学校から『合校』へ」の中で展開されたものである。学校・家庭・地域社会の連携については、臨時教育審議会においても「家庭・学校・地域の連携に関する分科会」での審議が行われていたが、そこでは核家族化や少子化、勤労観の希薄化、親の養育態度の問題、また、地域における人的教育環境の悪化や物的教育環境の悪化等を背景として、家庭教育機能の活性化を目指すことが強調されているように読み取れ[5]、本来家庭や地域社会で

担うべき教育活動を学校が担っている現状を改善すべきとする「学校のスリム化」概念は、この臨時教育審議会における家庭教育機能の活性化にかかる議論とも整合的ではある。しかしながら、1996年の中央教育審議会答申における「開かれた学校」づくりの提言においては、臨時教育審議会が提唱した保護者・地域住民に開かれた学校経営、すなわち、家庭・地域の学校に対する理解の促進や学校運営における家庭・地域の意見の反映といった課題についての言及はなく、それよりも、保護者・地域住民によるボランティア等の活用など学校における教育活動支援の充実に力点が置かれている。「開かれた学校」づくりの理念に「学校のスリム化」概念が加わったことによって、子どもの個性の尊重や家庭・地域の教育力の回復、あるいは子ども・保護者等の多様な教育要求への応答というよりも、保護者・地域住民の学校教育への参加・協力を促すことが重視され、子どもの成長発達における学校・教員の負担や役割の軽減を図ることが重視される傾向がうかがえる。「学校のスリム化」概念は、「開かれた学校」づくりに向けた改革の方向性に一定の変化を生じさせたものと考えられるのである。

C 地方分権改革下における「21世紀に向けた地方教育行政の在り方に関する調査研究協力者会議」の学校組織改革の論点

こうした改革の方向性も、地方分権改革に伴って再び変化が見られるようになる。

「21世紀に向けた地方教育行政の在り方に関する調査研究協力者会議」は、教育委員会制度の発足50周年を迎えることを契機として、社会の変化・

---

5 臨時教育審議会「家庭・学校・地域の連携に関する分科会」第1回会議検討資料においても、「家庭教育の意義、役割」に関して、「『初めに学校教育在り、これを補完するため家庭は何をすべきか。』ではなく、『初めに生物としての人間在り、生活の場としての家庭あり、家庭は何をすべきか、しかる後、家庭から見て学校教育はどうあるべきか』を検討するものである。」といった記述がある。なお、子どもの遊びの時間や社会活動への参加が教育上効果があるといった観点から、地域の教育力の活用・活性化ということについては、家庭教育機能の活性化とは別に議論が展開されている（同分科会議事次第（第7回））。

進展への対応と、地方分権の流れの中で住民の多様なニーズに応じ、総合的かつ積極的な地方教育行政が展開できるシステムづくりを目指すため、地方教育行政制度の見直しを図り、教育委員会－学校－地域の関係の在り方について検討を行ったもので、1997年9月に論点整理が示された。地方分権推進委員会が第一次勧告（1996年12月）、第二次勧告（1997年7月）を出した時期とも重なり、「地方分権」の流れに応じた地方教育行政システムを目指すということを明確に打ち出した内容となっている。具体的には、学校の経営責任の明確化を図り自主性・自律性を確立させるために、教育委員会と学校との関係を見直し、各学校において特色のある、創意工夫を凝らした学校経営を促し、支援することが教育委員会の重要な役割であるとしつつ、学校予算の編成の在り方や校長の執行権限の拡大を検討する必要性が指摘されたほか、地域住民と教育委員会、学校との関係に関して、学校が地域住民や保護者の意向を把握・反映する仕組みや苦情処理等の在り方を検討する必要性、また、教育行政への地域住民の意向反映方策の検討とともに、例えば、教員を地域の企業等で研修させたり、地域住民や保護者に学校ボランティアとして部活動や社会見学などにおいて協力を得たりするなど、学校や教育委員会が積極的に地域の活力を教育行政に導入していくことについての検討の必要性が指摘された。

　ここでは、「学校が地域住民や保護者の意向を把握・反映する仕組みや苦情処理等の在り方を検討する必要性」あるいは「教育行政への地域住民の意向反映方策」と、「学校や教育委員会が積極的に地域の活力を教育行政に導入していくこと」とを区別した現状認識及び見直しの方向性の提示がなされていることに注目したい。先述の中央教育審議会第一次答申（1996年7月）では、保護者・地域住民の意向を反映した学校経営に関する提言はやや影を潜め、地域の教育力の活用を重視する印象が強かったが、教育委員会制度の見直しや地方分権改革の流れの中で、再度、「学校が地域住民や保護者の意向を把握・反映する仕組み」や「教育行政への地域住民の意向反映方策」に

ついて検討する必要性が提言されている。これは、地方分権改革に伴い、単に、学校の閉鎖性を改めることによって学校の画一性を排し特色化を図るのみならず、学校単位で地域の実態、保護者・地域住民の教育要求に応じた教育を展開させること、また、こうした各学校の取り組みを教育委員会が支援すること、さらに、地方教育行政の執行に対する民主的統制の仕組みを整備・強化する必要性が主張されているのであり、「開かれた学校」づくりは、保護者・地域住民に開かれた教育経営（学校経営・教育行政）として捉え直されたものと理解することができよう。

D 中央教育審議会答申『今後の地方教育行政の在り方について』における「学校評議員制度」の提唱

「21世紀に向けた地方教育行政の在り方に関する調査研究協力者会議」の論点整理が出された1997年9月には、文部大臣より中央教育審議会に対し、①主体的かつ積極的な地方教育行政の展開方策、②学校教育機関の役割と運営の在り方、③地域住民との連携協力、について諮問がなされ、1998年9月に答申が出された。

　この答申においては、教育課程の基準や学級編制等に関して、国や都道府県の関与を縮減し、教育委員会制度の在り方に関しても、教育長の任命承認制度を廃止するなど、教育委員会が地域の要望に対応できるための工夫の必要性が指摘された。また、公立学校が地域の教育機関として、家庭や地域の要請に応じ、できる限り各学校の判断によって自主的・自律的に特色ある学校教育活動を展開できるようにする観点から、教育委員会と学校との関係を見直して学校裁量権限の拡大を図ることに加え、学校運営が校長の教育方針の下に組織的、機動的に行われるよう、主任制、職員会議の法令上の位置づけ、在り方等を含め学校運営組織の適正化を図ること、また、地域住民の意向を把握し反映し、その協力を得て学校運営を行うため、「学校評議員」制度を地域の実情に応じて導入することが提唱されたのである。

しかし、21世紀に向けた地方教育行政の在り方に関する調査研究協力者会議の論点整理に基づいて審議が展開された中央教育審議会「今後の地方教育行政に関する小委員会」では、「学校評議員制度」は、地域住民の意向を把握・反映しその協力を得て学校運営を行うための制度として構想されつつも、その制度設計の在り方については、学校の自主・自律に伴う校長の裁量拡大をめぐる議論において、学校組織内部における校長−教職員間の関係性について多くの懸念が示されていたことがうかがえる。

まず、地域の実態に応じた学校運営を行うには、学校の自主・自律、学校裁量権の拡大が必要不可欠であるが、学校現場においては校長−教職員間の対立があり、このことが、学校裁量権を行使する校長のリーダーシップ発揮を阻む要因となっているといった現状認識がなされていた。例えば、今後の地方教育行政に関する小委員会では、「…学校と教委の関係は、学校が自立していくことは非常に重要であると思っておりますが、現状におきまして、ちょうど組合の厳しい時代に遭遇して生きた人たちが管理職になっております。その意味で、学校の自立を考えるときには、学校の校長にすべて権限がいったときに、校長が大変厳しい立場に立つ。職員会議、その他のことで、いわゆる管理職として、非常に孤立化し、難しい状況になりかねません。…」（第1回）や、「校長の意思決定権は相当部分が空文化し、責任の所在が極めて不明確な（学校）運営がなされております。また、校長が職員会議の結論に反する意思表示をすれば、会議は紛糾し、しばしば学校運営に支障を来しているところでございます。…」（第6回ヒアリング／意見発表者：全国公立学校事務長会）といった発言がなされているのである。

また、学校裁量権限の拡大に関しては、「…校長や現場に裁量権をもっと与えようと。私は大賛成でございますけれども、今度そこに出てくる問題は、余りにも一人の裁量権が増すと、責任も重いですし、いろんな問題点も起こる。…すなわち、どうしても必要なのは、何らかの開かれた公正な決定機関といいますか、そんなものが必要なのではないか…」（第4回）といった

発言を契機として、「…地域住民なり保護者の意見を学校に反映させるという意味では、前回、大学の例などのお話も出まして、参与制度みたいなものも一つの方法ではないかと言われましたが、学校の場合、校内的な体制として、校長さんが一人だけで味方が全然いないという意見も前に出ました。…学校を地域に開くという意味で、住民代表とか、地域の有識者を含めました一定の恒常的な、名称はこだわりませんけれども、参与という大学の組織よりは、もうちょっと恒常的な機関として、イギリスの学校理事会とか、イタリアの学校評議会という形…何らかの恒常的なそういう機関を、校長の諮問機関として設置することは必要なことではないか…」（第17回）といった議論が展開されている。こうした議論の内容からは、「学校評議員制度」の導入は、学校裁量権限の拡大にあたり、校長－教職員間の対立を背景として、校長による意思決定を、学校外部者としての評議員が直接的に支えることを目的として提起された側面が大きいものと考えられる[6]。そして、「（参与の制度や恒久的な機関に関して）地域のそういう機関が何回会議を持つかということで、たぶんその実力のようなものが決まりますので、それとの関係で…校長先生のほうにサポートがいくのか、職員会議と一緒になって校長と意見の違うことを推進することも、私の見ている幾つかの学校ではあり得ると思っておりますけれども…」（第17回）、「…（「学校評議員」が）どの程度必要かということは、学校、地域の実情によって変わってくるので、必ず置けというような形はいかがか。…いろんな性格のものを置き得るようにするということと、…逆に校長の権限行使を束縛するような機能にならないように配慮しないと、おせっかいな応援団ができるようなおそれが多少あるのではないか…」（第17回）といったような意見に共通するのは、やはり、「学校評議員」が校長のリーダーシップ強化を促進する機能を果たし得るかという懸念であ

6　こうして導入が提唱されることとなった「学校評議員」であるが、中央教育審議会事務局の説明によると、「『学校評議員』の名称については、公益法人や大学において、組織の管理運営を助けるものとして『評議員』が置かれていることにならったもの」（第24回）ということである。

第1章　我が国の教育経営に対する民主的統制としての「学校参加」　27

る。

　一方で、同小委員会における審議においては、保護者・地域住民の意向の把握方法や学校組織内部における意思決定のプロセスに目を向けた発言も少なからず見受けられる。例えば、「直接地域の住民の代表とかかわりを持つ者は教頭や校長が往々にして多いんですけれども、子どもを介していくと学校の教職員が直接携わることが多い…今まで校長、教頭に関しては、このようなことが話には出ていたんですけれども、こうして見ると、学校の教職員についても、やはり地域性をもう少し考えていかなければならない…」（第7回）、「必ずしも全体がその学校の教育課題についての情報を共有しきれていない…学校外の有識者の意見等も参考にするようなシステムをつくるとすれば、学校の中の校長を中心とした組織体としての意思をどのように決定していくかということを明確にしておかないと…」（第10回）、「…何か（学校）内部で校長を支えてあげる組織が要るだろう。…一つは中から支えること、一つは周りから支えること、この二つについてうまい仕組みをおつくりいただければ、非常にいいのではないか…」（第17回）、「保護者や地域住民の意向の反映を図る以前の問題といたしまして、校長がその職責を十分果たすことができる校内体制をつくり上げる必要があろうかと思います。…」（第19回）といったものである。学校外部者としての評議員からのサポートを得ることによって、学校内部における校長のリーダーシップの確立を図るという改革の構図は、校長を最終責任者とすることで学校経営における責任の所在を明確化しつつも、子どもを介した教職員間のコミュニケーションを基礎とした学校組織運営を促すという点において課題を有するということであろう。しかし、同小委員会の議事録においては、こうした発言の後も、地域住民の意向の把握方法にかかる工夫や、学校経営にこれを反映する上での校内における意思決定のプロセス上の工夫といったことに関する議論が十分に重ねられた様子をうかがうことはできない。同小委員会の最終回において、答申案を受けての意見として、「学校裁量権限の拡大、即校長・教頭といいま

すか、管理職の権限拡大というふうに、やや平板的に読めば受けとめられる
ような要素も若干―私の意見もだいぶ取り入れていただいて、『指導的教
員』とか、『中核的役割』という問題についても、誤解のない適切な表現に
改めていただいている点は多とするんですけれども…具体的に日々子どもた
ちと向き合っている学級担任とか、教科担任という教員の問題が確かにある
ことはあるんですが、そんな困難な中でも、いろんな工夫をしてやっている
人たちを励ますようなものが、なかなか読み取りづらい。…」（第27回）と
いった発言があったこと等からは、学校組織の管理・運営にかかる改革の方
向性、特に、校長を中心とした学校組織の意思決定プロセスの在り方をめぐ
り、小委員会内部でも全ての委員の見解の一致を見ることなく、「学校評議
員」が法制度上に位置づけられたという経緯があったようにうかがえる。

⑵保護者等の学校参加に期待される役割の変遷と政策的課題

　以上、臨時教育審議会による「開かれた学校」づくりの提言から学校評議
員制度の導入に至るまでの経緯について概観してきた。要点をまとめると、
まず、臨時教育審議会において、学校教育の画一化を排するとして「開かれ
た学校」が提唱されたが、その後、学校と家庭・地域住民の役割分担の在り
方を見直し、学校教育に「ゆとり」を生み出すための「学校のスリム化」が
「学校・家庭・地域の連携」の目的とされ始め、臨時教育審議会において提
唱された「保護者・住民に開かれた学校経営」は、学校の意思決定における
保護者・地域住民の意向の反映ということよりも、教育活動における家庭や
地域住民の支援を得ることに重点が置かれるようになったことがうかがえ
る。しかし、こうした動向も、地方分権改革の開始に伴って再び変化を見せ
た。教育委員会の活性化について審議が展開される中で、教育行政における
民主的統制の仕組みの工夫が課題とされ、学校の自主・自律を前提とした学
校裁量権限の拡大により学校の保護者・地域住民に対する応答性の向上を目
指す方向で審議が展開されることとなる。その中で、拡大した学校裁量・権

限を行使する際の、学校内における校長のリーダーシップをいかに確立させるかという点に議論が移行していく。その背景には、学校内において管理職（校長）と教職員との間に対立があり、校長は教職員のサポートを得られない中で、学校裁量権限が拡大されてもそれを校長が責任を持って行使することができない、といった中央教育審議会による現状認識や懸念があった。こうした議論の末に「学校評議員制度」の導入が提唱されたというわけである。

　つまり、臨時教育審議会による答申の提出以降、学校評議員制度が導入されるまでの、「開かれた学校」を目指した一連の教育改革においては、（専門職である教員による）学校教育と（素人による）家庭教育の役割分担を明確にする「学校のスリム化」動向、そして、地方分権改革を背景とした学校レベルにおける多様な教育要求への応答を目標に、校長の専門的リーダーシップの強化を図るとする「学校の自主性・自律性」の確立に力点が置かれ、結果的には、学校組織経営における「民主化」への執着、あるいは“閉じられた”「専門性」を改める視点それ自体は希薄化していったものと考えられる。

　さらに、黒崎（2004）などにおける指摘によれば、こうした学校評議員制度の導入過程において変化を遂げてきた改革理念は、「学校参加」を手段として「学校の自主性・自律性」の確立を目指すという立場から、結果的に学校運営協議会という新たな仕組みの導入をも後押しする形となるのである。

第3節　我が国における「学校参加」研究の課題

⑴我が国における「学校参加」研究の特徴

　こうした「開かれた学校」政策の背景にあって、我が国における保護者等による「学校参加」に関する研究はいかなる形で展開され、学校の教育活動における「民主性」と「専門性」の関係についていかなる課題を見出してきたのだろうか。

海外における学校参加研究の動向に関しては Mattingly, et al.（2002）にまとめられている。すなわち、米国においては、親や家庭環境の在り方が子どもの知的・社会的成長に影響を及ぼすという観点から親の（学校）参加の重要性が唱えられてきたとして、児童生徒の学力や態度、学級内における行動などに対する親の学校参加の影響力を検証する研究や、学校参加が親自身の成長を促すという知見を導いた研究が多数蓄積されていることが紹介されている。こうした研究の中には Epstein（1995）や Epstein & Dauber（1991）による親の参加の類型化が見られるが、これによると、親の参加は、まず「子育て」に始まり、教育に関するボランティア活動や学習支援活動への参加、学校運営における意思決定への参加や学校とのコミュニケーション、地域社会との協働といった形態を取り得るとされる。「親の参加」を「学校参加」に限定せず、子どもの成長に関わること全てをその範疇に含めた分類を行っている点に関しては、海外における学校参加研究が、学校教育と家庭教育とをより体系的に捉えていることを強く印象付けるものとも評価でき、学校と家庭・地域住民の連携の在り方に対する認識について、我が国との間に若干の差異があるようにも感じられる。

　こうした差異は、我が国において学校参加研究が活発に行われるようになった背景を踏まえれば納得できるところでもある。先述のように、岩永によれば、明治期の公教育制度の成立以来、戦後教育改革が行われてもなお、学校教育における国民の「客体意識」が根強く存在していたが、1970年代後半頃から学校教育における人権侵害などが問題視されるようになると、子どもの人権・学習権を代弁する親がより積極的に学校教育に関与する必要性が指摘されるようになったとされる（岩永 2000）。我が国における学校参加研究の展開については、教師の専門性に対する懐疑を契機とし、親の教育権を主張する立場から、保護者・地域住民の学校参加の在り方を追究するようになった側面が大きいということが、海外における学校参加研究の展開との間に差異を生じさせているものと考えられるのである[7]。

こうした我が国における学校参加研究については、その展開が有する性格に基づき大きく二分できよう。第一に教育法学の観点からの研究、第二に学校経営学（あるいは教育行政学）の観点からの研究である。

　まず、戦後の教育法学が取り上げてきた中心的な研究課題は、「教育権」の所在—すなわち、学校教育内容の決定権が「国家」にあるのか、それとも「国民」にあるのか—であると言っても過言ではないが、この教育権論争について、今橋盛勝は、「1950年代半ば以来、国・文部省の学校教育内容政策と教職員組合を中心とした反対運動との対立の法理論への反映という基本的性格をもって」（今橋 1983: 125）おり、「『国の教育権』か『国民・教師の教育権』かの父母にとっての違いは、結局のところ、国家と教師・学校のいずれに、名目的な教育権を全面的に白紙委任したと考えるのか、という観念上の違いでしかな」く、「いずれも『父母の教育権』の名に値しない」（今橋 1983: 129）と指摘している。佐藤修司は、「親の教育権」に関するこうした今橋の主張について、「父母の教育権、子どもの学習権を単に教師の教育権を理論的に擬制するための手段として位置づけるのではなく、逆に、教師の教育権を制約する具体的な法規としてとらえようとし」たものであると評価する（佐藤 2006: 66）[8]。学校の荒廃を背景に、子どもの教育問題に対する関心の高まりから親の学校参加の必要性が唱えられるようになり、その根拠として「親の教育権」が主張されるに至ったわけであるが、そうした動向と相俟って、国家と国民との間で「教育権」の所在を争う教育権論争に対する新たな

7　岩永によれば、今日の学校教育は複合的な教育意思の下で展開されているという。複合的教育意思とは、①議会制民主主義のルートを通じて集約されていると仮定され、教育行政機関を通じて表明される公教育意思、②教職員集団の持つ専門性を根拠とした専門家意思、③学習主体としての子どもの権利を代理する親の教育意思、④学校教育の経費を負担している地域住民の教育意思、を指す。しかし、岩永は、これらの教育意思について、それぞれの教育意思が的確にかつ対等に反映されているわけではないとし、公教育意思については形式的代表性を維持しているのみであるほか、親の教育意思についても学校経営方針への父母・住民の集合的教育意思の反映ルートは閉じられており、せいぜい教職員個々人による個別的教育意思のキャッチとPTAを通じた学校運営への部分的反映の域を出ていないと指摘する（岩永 2000）。

8　佐藤は、こうした今橋の指摘は、持田栄一によっても主張されていたことを指摘している（佐藤 2006: 66-67）。

指摘が展開されたことがうかがえる。ただ、教育法学における学校参加にか
かる研究動向に関して、岩永は「親の教育権が実際に行使される場合に生じ
ると考えられる教師の専門性を根拠とする裁量権や学校自治との関係につい
ては、更なる理論展開が追究されている」とした上で、「教師と子どもの教
授＝学習関係というダイナミズムを特性とする教育実践とその経営を、法的
な権利・権限関係の精緻化という民主主義的な手続きの際限のない詳細化で
律することは不可能であり、かつ有効ではない」という黒崎勲の指摘に注目
している（岩永 2000: 246）。黒崎は、「教師の教育権が、専門家の教育の自由
として内外区分論によって絶対的ともいえる実質をもつのに対して、親の教
育権は教師の教育権を正統（当）化するための論理的な媒介としてのみ位置
づけられ」、「教師の教育権と親の教育権との間の予定調和とも言える関係が
前提になっており」、「両者の間に対立葛藤が想定される場合にも、教育の専
門家としての教師の見識が尊重されるべきであるとする態度が見られる」
（黒崎 1999a: 104）と指摘するが、親の教育権を教師の教育権と並ぶ権利とし
て評価しようとする今橋（1983）などの主張に関しては、「父母の発言権を
法の規定として明文化し、その実施を要求することは、学校を、その構成員
が法的に規定された権利と責任にしたがってよそよそしく接するような場所
にしてしまうという懸念」（黒崎 1999a: 105）があると指摘しているのである。

　佐藤もまた、「直接民主主義的な民衆統制を導入することが最善の選択で
あるかどうかは慎重な検討を要する」とし、「教師の専門職性を否定、ない
し軽視することが、実際上専門職として教師が確立されていない現段階にお
いて正しい選択であるのかが問われる」と指摘している（佐藤 2006: 66-67）。
教育法学においては、国・文部（科学）省と教職員組合との対立を背景とし
て「国民の教育権」を「国家の教育権」に対置されるものとして見做すので
はなく、「国民の教育権」に包摂されてきた「教師の教育権」と「保護者あ
るいは子どもの教育権」との関係性を見直す動きが見られるものと言える
が、実際に、教員の「専門性」と、これに対する子ども・保護者の直接的な

第1章 我が国の教育経営に対する民主的統制としての「学校参加」 33

学校参加による統制との関係性については懐疑的な見方が示されてもいるということであろう[9]。

一方、権利としての保護者の学校参加について、実態を分析する視点から捉える研究として、学校経営あるいは教育行政の仕組みに着目した研究が挙げられよう。こうしたアプローチは、教育法学における「学校自治論」をめぐる議論[10]に基づき展開されるようになったものと言えようが、具体的には、保護者や児童生徒、地域住民の参加を学校運営に取り込んだ事例についての研究があり、保護者と学校・教員との連携による教育活動を実施することのメリットを指摘するものが多い。近年では、「開かれた学校」づくりの実態を明らかにする研究、例えば、国内における子ども・保護者等の学校参加を制度的に位置づける先進的事例に関する研究（浦野 2003; 喜多 2004; 平田 2007 など）が挙げられる。浦野東洋一は、学校と教員が自分たちだけで課題を抱え込むものではなく、保護者等との協力関係をもって対応することで、学校教育における課題をよりよく解消できるということを指摘しているが（浦野 2003）、この点、露口健司は、スクール・リーダーシップの態様を追究する立場から、学校に対する保護者の信頼構築が学校組織の経営的戦略によって促進され得ることを指摘するとともに、保護者の学校に対する信頼と教員らの自己効力感との間には相互関係があることも指摘している（露口 2012）。

学校経営あるいは教育行政の仕組みに着目したこれらの学校参加研究は、先進的な事例についての検討を通して、閉鎖的であった従来の学校運営を保護者や児童生徒、地域住民に対して開くことの「意義」を再評価するものである。しかしながら、保護者による学校への参加・協力は、学校におけるい

9　この点、福嶋尚子は、「子どもや親との関係における教師の自律性は1980年前後に登場した新しい論点といえる」が「皮肉にもちょうどそのころから教職の専門職性をめぐる議論は下火となる」（福嶋 2013: 164）と指摘している。

10　この議論には、現代教育法の法理論として「教育委員会の学校管理権、学校管理運営をめぐる校長の意思と職員会議の決定との対立」を論究する系譜に加え、「教育論・立法論を含んだ」系譜、すなわち「教師自治論」に集結せずに保護者・子ども、住民の参加の必要性を主張する系譜がある（今橋 1983: 144-145）とされる。

かなる教育活動領域においても、またいかなる状況下にあっても、学校教育活動の改善に貢献し得るのかという点に関して、課題を残すものであることを否定できない。

(2)「学校参加」研究に残された課題

①学校の教育活動における裁量に関する課題

　岩永は、保護者・地域住民による学校参加の形態と参加主体の参加行動に対する意識、またこれらの参加を受け入れる教職員の意識に着目した実証研究を展開するが、これにおいては、学校参加の形態は行事型、会議型などフォーマルなものからインフォーマルなものまで存在し、いずれにおいても、我が子に関わる事柄に近いほど保護者の参加は活発化するということが指摘されているほか、保護者と学校との連携に関しては、保護者の学校に対する親和度は低く、教職員についても、保護者・地域住民による学校教育への協力を得ることについては意欲的・肯定的であるものの、学校教育への保護者・地域住民の積極的な関与、すなわち学校の教育活動における中心的な領域への保護者・地域住民の参加・関与についてはこれを消極的・否定的に捉える教職員が大半であることが指摘されている。さらに、保護者・地域住民と学校との連携を阻害する要因について、立場の違いによる意思疎通の困難さが根強く存在する中、これに時間をかけることで学校が保護者・地域住民の教育要求の集約機能が高まる可能性も指摘できるが、保護者・地域住民にとっての「意見反映ルート」(教職員にとっての「要求受容ルート」)が未整備であることも問題視されている(岩永 2000)[11]。

11　岩永は、「あるべき理念としての参加から現実を裁断し、学校経営に何を付加すべきかを提示する方法に終始」し、「各学校において展開されている具体的実践を分析し、その中にある可能性をすくい上げるといった上向的枠組みが見られない」と教育経営学の実証的研究方法の在り方を批判し、「研究者の参加論には、子ども自身の教育にとって父母・住民参加がどのように機能するのかという有効性の観点が希薄であり、学校の実践には、正当性の観点が希薄である」とも指摘している(岩永 2000: 252)。

こうした中で、海外の事例を対象とした学校参加研究においては、例えば欧米の学校協議会など、保護者・地域住民にとっての「意見反映ルート」（教職員にとっての「要求受容ルート」）の乏しい我が国では導入されていない制度に着目した研究が蓄積されてきた（小野田 1996; 山下 2002 など）。しかし、欧米の学校協議会などが機能する中に見受けられる「学校参加」は、「学校の自主性・自律性」を支える法制度の整備下で、校長の人事やカリキュラムの内容など学校教育活動の根幹に関わる事項に対して影響力を持つものであって、学校経営上「学校参加」に期待される役割が我が国の学校参加をめぐる現状とは大きく異なる。海外の学校に比べ、個々の学校の有する裁量・権限が決して大きいわけではない我が国では、そもそも、保護者等の教育要求を受けて学校がその教育活動の在り方について独自に判断できる余地が少ない。このような状況下で海外の事例研究から得られた知見を我が国における学校参加をめぐる取り組みに反映させることは、非常に困難であると言わざるを得ないのではないか。

②**多様な教育要求を学校教育に反映させることに関する課題**

また、学校評議員や学校運営協議会の設置により学校参加が制度化されることに関しては、子ども・保護者等の多様な教育要求を学校経営に反映させるための前提として、その「代表性」、あるいは「集団化」のプロセスが重視されることへの懸念が指摘されてもいる。さらに、個別具体の教育要求や苦情への応答・対応をめぐる代表的な研究として、小野田（2003）などが挙げられようが、いかなる要求にいかに応答するかの判断は、結局は学校・教員側の「専門性」に委ねられるところとなる。学校における教育活動に関する情報の保護者への提供・共有には、教育上困難が伴うという事情もある。「学校情報の公開と非公開」の「ふり分け」（兼子・蛭田 2007: 91）が教育委員会や学校の果たすべき「教育責任」に組み込まれることによって、「教育支障」の発生を防止する可能性は高まるであろうが、一方で、教員の「教育責

任」、すなわち、教員自身の専門性に基づく判断によって保護者が得られる情報が限定されたものとなる可能性については否定できず、それも「教育支障」の発生を防止する観点からやむを得ないということになる[12]。

　無論、「学校参加」を学校組織あるいは教員に対する統制の手段として捉える際に、市民の多様なニーズに基づく民主的統制そのものの是非を問う視点もある。

　大桃敏行は、学校教育において保護者等の多様な教育要求を反映させる取り組みに関して、「教育という公共サービスの固有の性格に、多様性を制約し、統制を迎え入れる論理、あるいはそれを後押しする論理が内在している」と見ることもできるとした上で、「現代の公教育は、自分で制御できない要因の軽減ないし除去を制度原理」としてきたのであり、「子どもは親や地域を選んで生まれてこない」以上、「親や地域の意向によって子どもの将来が大きく刈り込まれてはなら」ず、「もちろん、学校教育に親や住民の意向が全く反映されるべきでないとか、地域の特性が全て否定されるべきであるとか、述べているのではない」が、「少なくとも中等教育の前半くらいまでは、学校の多様化には一定の制約が必要」であるとし、また、子どもは多くの場合において学校における意思決定に参加せず、その決定に保護者の意向が反映されたとして子どもは「大人たちが決めた結果だけを受ける」のだ

12　兼子仁は、指導要録所見欄の本人開示請求に対し、厳正な教育評価を妨げるという理由から、教育委員会・学校側が個人情報保護条例にいう例外的な「本人不開示情報」に当たることを主張する例が多いことを挙げ、「本人不開示情報」を本人側開示に変更することに伴う教育支障があることについて検討の余地がある、すなわち、学校の「教育責任」が「情報責任」と本質的に矛盾・対立するものかどうかを考える必要があるとする。その上で、教育改革が「教育界の主体的・内発的な取組み」によって実現されることが望ましいとしつつ、これまでの改革が「教育界の外からのインパクトに発して実現されえた経験も決して少なくなかった」とし、今後の学校においては「情報責任」を組み入れた「教育責任」こそが望まれると指摘する（兼子・蛭田 2007: 5-6）。この点、浦野東洋一は、教育委員会による児童指導要録の全部非開示処分について違憲性はないとされた判決に関して、指導要録の記載を児童生徒本人や保護者に開示することは、その「公正」さを担保するシステムとなるのであり、開示することが学校と児童生徒本人及び保護者との間の教育上の信頼関係を崩壊させるなどとした懸念については、教師の専門性が発揮されれば問題とはならないとの見方を示している（浦野 2000）。

とすれば、それが「自己決定・自己責任の原理」に基づくとしても「教育という公共サービスの供給原理としては妥当しにくい面がある」と主張する（大桃 2004: 28-29)[13]。

③多様な教育要求と教員集団の行動様式に関する課題

なお、学校参加が目的としてきた、学校教育に対する子ども・保護者等の多様な教育要求の反映については、実際には、多様な教育要求を受容するところの学校組織における、教員集団の行動様式によっても左右される。

この点、佐古秀一は、教職の基本的特性を「不確定性の高い課業」とした上で、学校の教育活動が個別教員に拡散し、それぞれが自己完結的に遂行することで存在している学校組織（個業型組織）の状態は、「児童生徒の多様性や教育課題の複雑性が個別教員の知識や技能の範囲に収束する場合にはその有効性を保持しうる」が「それを越える場合には組織的な対応が困難で脆弱なシステムになる」ため、学校組織レベルにおいても教育意思形成や組織的な改善や変革を成り立ち難くし、教員レベルにおいても教職の閉塞性を強め、教育活動の改善を困難にさせるという問題が存在していると指摘する。しかしながら、学校内部組織における構造化の推進、すなわち、学校内における集権化と階層化、あるいは、PDCAサイクルに準拠するといった、学

13　この点については、学校に参加・協力する上で求められる保護者自身の能力に係る問題もあろう。山下晃一は、シカゴにおける学校評議会の事例に即し、多様な社会的背景や見解を持つ人々が、互いに協同して公共的な事柄に取り組むことを「公的討議」と呼び、その成立には評議員らの「公共的スキル」が必要であると指摘するが、その「公共的スキル」については、評議員らが「異質な他者」と協同する経験を提供されることによってその発達の機会が与えられるものとの見解を示している（山下 2002: 168）。しかし、この点について広田照幸は、聡明な判断ができる成熟した市民が一定の割合に達していないような条件の下では、学校参加のシステムの成功は望めないとしている。「学校の在り方に肯定的なものが代表として選ばれやすかったり、意思表明の機会が与えられやすかったりする事態」においては「強者・多数者の専制」が起こり得るという危惧から、学校成果を高めるものとして学校参加を捉えることには懐疑的な立場をとり、「参加の実践を通じた市民の成熟」という可能性に関しても、「システムが成功するための条件を達成目標にしたシステムでは、その作動時には条件はまだ達成されていないから、システムは成功しない」と否定的に捉えている（広田 2004: 66）。

校教育における計画化と効率化の強化といった点にその特徴が見出される今日の学校組織改革動向については、教育組織としての学校に適合的であるのかといった疑問を投げかけている。すなわち、「個業型組織では個々の教員がそれぞれいわば個別部門として相対的に独立性を有していたと考えることができる」が、今日における学校組織改革動向は、「組織の垂直的統合と学校教育の計画化と効率化の推進等」を推し進めることで、学校組織を「より単純な官僚制型組織構造へと転換させる傾向」を有するとも評価できるわけであり、今日における学校の組織環境や課業が「かつてほど単純化されていない」中でそうした改革が適合的であるのか疑問が残るということである（佐古 2006a: 41-43）。

　こうした指摘については、例えば「学校評議員制度」の導入過程においても考慮されてこなかったわけではないが、佐古の指摘を踏まえるならば、校長権限の強化を前提とした学校組織の特色化によって応答できるほど、今日における子ども・保護者等の教育要求や課題は単純なものではなくなっている。大桃は、義務教育という公共サービスの質と量の決定者（＝大人）とその受け手（＝子ども）とが異なるため、公共部門が供給するサービスの格差あるいは不平等を決定者の自己責任に単に帰せられないという点を指摘した上で、参加というプロセスを通じて民主主義を担う資質が養われるとする議論を取り上げ、意思決定を多様性や異質性に開くことが手続的公共理解や手続的公共性論の観点から支持されるとしている。しかし、意思決定を多様性や異質性に開くことと、多様性や異質性を承認する（あるいは育む）教育の保障とは同義ではなく、子どもたちへの最善の利益の保障をいかに行うかが課題となるとも指摘される（大桃 2000, 2005a）。義務教育段階における一定の教育水準を維持するにあたっては、校長権限の強化を前提とした学校組織の特色化、すなわち、学校レベルにおける保護者等の参加を通した教育要求への応答ということではなく、個々の子どもによって異なる教育課題について個々の教員が適切に把握した上で教育活動を行うことがより一層重要となる

のではないか。学校教育活動における「民主性」の確保を目指す立場に立つのであれば、個々の教員の「専門性」に基づく判断の正当性をいかに担保するのかという点が、「学校参加」研究においては依然として課題のままとされているということであろう。我が国における「学校参加」研究においては、権利としての学校参加、あるいは制度化された学校参加によって学校教育活動における「民主性」の向上を促進するということが、結果的に、個々の教員による"閉じられた"「専門性」を開くことにどの程度寄与し、実質的な学校のアカウンタビリティ保障にどの程度帰結するものであるのかを問う視点が希薄であったように感じられるのである。

⑶小括

　本章では、「開かれた学校」政策の変遷を概観し、「学校参加」に期待される役割の変化を確認した上で、こうした政策の背景において展開される「学校参加」をめぐる研究動向とその課題について検討してきた。政策上も、あるいは研究上も、保護者等による学校参加は、学校に対し、個々の子どもによって異なる教育課題への応答を促すための手段として位置づけられてきたと言えよう。ただ、学校参加行動を通して表出された多様な教育要求に、学校・教員が適切に応答することこそが「子どもたちへの最善の利益の保障」を図る上で重要である。そのためには、まず、保護者等による参加が、学校のアカウンタビリティ保障にどの程度寄与し得るのかという点について明らかにするとともに、子ども・保護者等の多様な要求に学校・教員が適切に応答できるよう、個々の教員の専門性を向上させる手段としての統制の仕組みについて、学校レベルに留まらず教育経営組織全体を見据えた検討が不可欠であるものと考える。

第2章　教育経営における責任・統制構造
―本研究における分析枠組み―

　本章では、第1章において指摘したように、「学校参加」をめぐる政策上あるいは研究上の課題として、我が国における教員の職務に対する「民主的統制」の効果について検証が求められていることを背景に、「専門職」としての教員による責任論を踏まえ、学校アカウンタビリティの保障に向けた教育経営組織における統制構造について解明するための分析モデルの構築を試みる。

第1節　教員に求められる責任とその職務の自律性

(1)「ストリート・レベルの官僚」としての教員

　学校教育における民主主義の目的は、教員の「専門技術性」がどのような形で発揮されることによって適うのだろうか。教員の行動に対する民主的統制の手段として注目されてきた保護者等による「学校参加」が抱える課題を踏まえると、教員の「専門性」をいかに統制することで外在的な要請への応答を促進するのかという点については依然として大きな課題のままである。

　行政学においては、「行政官僚制に対する統制」がその研究上の課題のひとつとされるが、しかし、行政学の体系においてもこの行政統制理論が明確に位置づけられてきたとは言い難いという。風間規男は、現代行政学を成立させたアメリカでは、2つの民主主義観―マジソニアン・モデルとウェーベリアン・モデル―が併存し、「それぞれの民主主義観が行政統制に対して別方向を指示」（風間 1995: 108）しており、そのことが行政統制の理論化を困難にしてきたと主張する。2つの民主主義観とは、まず、官僚の「自律的中立

性」を確保することによって「多元的」な民意への対応を図ろうとするマジソニアン・モデル、これに対し、素人による行政、すなわち代表性に依拠する政治と行政の接続を前提とし、官僚の「従属的（道具的）中立性」を重視することで、「一元的」な対応性の実現を目指すというウェーベリアン・モデルであるとして説明されるが、官僚自身の専門性を重視し、これに民主的な行政の実現を期待するのか、それとも政権をとった政治勢力に対する官僚の従属を重視することで、民主性を担保するのか、民主主義の実現をめぐるこの2つの考え方は、多元主義的なアメリカにあっては後者よりも前者が重視されてきた。それが「法の軽視」につながり、「政治と行政の連続論・融合論を主張することでマジソニアン的現実への適応」が図られるも、「いかに行政組織を運営しプログラムを実施していくかを研究する行政管理論が偏重され、いかに政治家が官僚制を統制するかという行政統制理論は、行政管理論との接合点を見出せないまま行政学の主要テーマではなくなっていった」というのである（風間 1995: 113）。

　この点、フリードリッヒとファイナーによる行政責任論争において、フリードリッヒは、議会による統制が有効に機能しなくなってしまったことを背景として、現代の行政機構・行政官に対して制度上の答責性を要求するだけでは足りず、コミュニティの民衆感情に直接に対応する責任（直接責任）を自覚すること、客観的に確立された科学的な基準に対応する責任（機能的責任）を自覚することを併せて要求しなければならないと説いたが、これに対し、ファイナーは、議会による行政府の行政活動に対する統制の重要性、議会に対する行政の答責性を確保することの重要性を強調し、伝統的な民主的統制の論理でフリードリッヒに反論している（西尾 1993; 森田 1996）。

　平行線を辿るフリードリッヒ＝ファイナー論争について、行政責任を市民の要求の充足という観点から理解するとき、ファイナーの主張する責任（統制）論は、行政権力は外的な制御力の範囲をこえて拡大してはならないという視点に発するもので、行政機能・自由裁量を減少させることによって官僚

制の抱える問題に解決の方策を見出そうとしたものであるといった評価もなされている（村松 1964, 1974）。しかし、「外的な制御力」は何時いかなる場合においても行政権力に対して有効に機能し得るのだろうか。「外的な制御力」の有効性は、行政活動における専門性の高さや、政策に関する市民の関心や要求の高さ、利害対立の状況等に大きく依存するものと考えられるのである。

一方、フリードリッヒの主張は、こうした「外的な制御力」の限界（＝議会による統制の機能不全）を背景として展開されたものであるが、フリードリッヒが外在的統制を補完する存在として着目した内在的統制それ自体の在り方においても、例えば、階統制上の管理と、各行政分野における専門的な科学技術の知識との間に対立・抗争が生じるとき、効果的な調整の手段を持たずにディレンマに陥る可能性があるといった問題点が指摘されている（大森 1970）。そして、こうしたディレンマに決着を付けるための手段として、「外的な制御力」が利用されることも多いのではないか。

無論、教育経営における教育行政職員や教員の職務は、行政官僚のそれとは性格が大きく異なっている。特に、教員についてはリプスキー（Lipsky 1980=1986）の指摘する「ストリート・レベルの官僚」としての性格を有すると言ってよいだろう。リプスキーは、福祉や教育といった行政サービスの従事者を指して「ストリート・レベルの官僚」としているが、その職務の特性は、日常の業務において市民との相互作用により、市民の行政サービスへの期待を把握すると同時に、市民の行政サービスに対する期待を統制する、つまり、市民との相互作用の中で、行政サービスの性格や程度を決定しこれを供給するという役割を担うことにより、行政サービスにかかる市民の葛藤を規制し、地域社会のアイデンティティの形成に寄与することにあるとしている。

教員を「ストリート・レベルの官僚」として捉えるならば、教育政策の実践者としての教員が、学校現場において、子ども・保護者の要求に応じて教

育方法・内容を決定・実施することにより、地域における教育の維持・発展に貢献するということになる。リプスキーの指摘によれば、市民との相互作用の中で決定される「ストリート・レベルの官僚」による専門的職務内容については、官僚的統制による管理は馴染まないとされ、一定程度の専門的地位を保障する職務の自律性の下での自己管理が有効と考えられてきた。一方で、「ストリート・レベルの官僚」による職務は、職務の自律性を前提とするがゆえに、結果的に行政サービスに対する市民の期待を統制し、その葛藤を規制するという側面を持つという点にその特徴がある。そこに"ディレンマ"が存在するとリプスキーは指摘するのであるが、「ストリート・レベルの官僚」としての教員の職務は、子ども・保護者の要求に応答すべく自らの裁量において決定する教育方法・内容が、サービスの実施に必要とされる資源の限界を背景として、却って子ども・保護者の要求自体を統制することになるという矛盾を抱えているというわけである。

　ゆえに、「ストリート・レベルの官僚」としての教員に求められる責任は、先述のフリードリッヒ＝ファイナー論争で言われるところの、伝統的な民主的統制の論理に基づくファイナーの責任論よりも、「直接責任」と「機能的責任」によって構成されるフリードリッヒの責任論によって説明されるところが大きい。ただ、行政官僚における責任と「ストリート・レベルの官僚」としての教員における責任との最大の相違点は、教員の職務における「機能的責任」が必ずしも明確にされているわけではなく、「直接責任」を負う面が圧倒的に大きい点にあると言えるのではないだろうか。

⑵教員による職務の専門性と自律性

　その「直接責任」に任されるところの大きい「ストリート・レベルの官僚」の職務は、市民との相互作用の結果としてどのような職務を行っているのか、あるいは、市民が真に必要とする職務の執行を怠っていないかどうかという視点から、相互作用の当事者である市民自身がその職務を管理するこ

とは困難であるとされ、民主的な統制の機構を持ち得ないと考えられてきた側面もある。つまり、「ストリート・レベルの官僚」の職務の内容が、市民との相互作用を経ながらその「直接責任」において決定されるがゆえに、これに対する官僚的統制に加え民主的統制もまた阻まれるのではないか、ということである。

「専門職」とは、言うまでもなく高い「専門技術性」を必要とするもので、それゆえに職務の裁量及びその自律性が専門性の維持に欠かせないとされてきた。教員の職務についても同様にその裁量及び自律性が重視されてきたところである。また、一般的に、「専門職」においては、その自律的な「専門技術性」が誤った結果を生じさせた場合（例えば医師による医療過誤など）、外部者による法的あるいは社会的な制裁がなされる仕組みが整備されていることが多いものと考えられる。ただ、教員という職についてはその限りではない。先述のように、教員免許の資格水準は低く、その取得が容易であることや、資格があっても採用試験に合格しなければ教員になれないなど資格が実質的に無視されていること、信頼できる教育の知識と技術が確立されていないことを背景としてその「専門技術性」が未確立と見られること（市川 1986: 12-13）に加え、教員の職務における「機能的責任」の実態が不明瞭であり、その職務の成果について科学的根拠に基づいた評価・判断をすること自体が困難を極めるところでもあるためであろう。

こうした教員の職務において、その自律性を担保することが果たして教育上有益であると言えるのか、疑問がないわけではない。しかし、「専門技術性」の高さや、その職務を支える科学的根拠の存在、職務上の過誤に対する外部者による法的・社会的な制裁の仕組みの有無が、職務の自律性の要否を判断する条件のすべてではない。教育現場において、子ども・保護者等の多様な教育要求を尊重し、それらへの応答を求められるという教員の職務の特性を踏まえるとき、「専門職論の根底にあるメリトクラシー原理は、民主主義社会における大衆教育と矛盾する要素を有している」との主張（市川 1986:

23）は、ある一定の目標への到達度によって測定される成果を重視することが、却って多様な教育要求への適切な応答を阻むものとなることを指摘するものとも理解できる。他方で、ショーン（Shön 1983=2001）のいう「反省的実践家」としての職務遂行の態様—状況と対話しながらその専門性を発揮するというもの—を支える「状況と対話する思考力」や「自分の実践を複眼的に相対化する省察力」こそが教員の力量の中核として再定義される必要性が指摘される（佐久間 2007: 215-216）。こうした中で、「考え方や価値が多様化する現代社会においては特に、『国家＝公共』とする前提には大きな危険を伴う」ため、「教師の自律性を否定すれば、現状を改善するのとは逆に、教員が人格をもった１人の人間として、誠実に子どもや保護者と向き合う営みを妨げる結果をもたらす」（佐久間 2007: 217）といった論理に基づけば、教職も、職務の自律性を前提とした専門職と見做されるべきであるとした主張も頷ける。佐久間亜紀は、「専門家として自律性をもつことは、権力を付与されることと表裏一体であり、その自律性が公共の福祉に寄与しているかは、専門家同士によって厳しく相互評価される必要がある」とし、「教員の判断や行動の適切さを、事例に即して厳しく検討しあう場を、恒常的につくること」が必要であると主張している（佐久間 2007: 219）[14]。教員がその「直接責任」を適切に果たすために必要なのは、職務の自律性を前提とした専門職として認められるか否かではなく、教員の職務に求められる特性を十分に機能させるために、学校組織内外における条件整備の在り方を追究することであろう。

14　佐久間は、教員の専門性を保障する制度の確立に向けて、教員の判断や行動の適切さを専門家同士で相互評価し合う仕組みの確立に加え、「専門家としての職能水準を、自律的に維持向上する職能集団の確立」を挙げており、職能水準の向上に関しては、我が国では従来より、「教職の専門家としての側面」はなく「労働者としての側面」が強調されてきた点を見直す必要性を指摘している（佐久間 2007: 219）。

第2節　教育経営におけるアカウンタビリティ論の再検討

(1) NPM型の教育改革の可能性と課題

　前章において概観した、我が国における臨時教育審議会答申以降の教育改革は、しばしばNPM型の改革と言われることがある。NPM＝ニュー・パブリック・マネジメント（New Public Management）とは、特に1990年代前後の教育改革に影響を与えた手法のひとつとして挙げられ、本来的には、企業経営的発想を公務部門にも適用して効率化を志向する改革を指すものである。大住荘四郎によれば、NPMの具体的な手法については4点—①経営資源の使用に関する裁量を広げる（Let Managers Manage）かわりに、業績／成績による統制（Management by Results）を行うこと、そして、そのための制度的な仕組みとして、②市場メカニズムを可能な限り活用する：民営化手法、エージェンシー、内部市場などの契約型システムの導入、③統制の基準を顧客主義へ転換する（住民をサービスの顧客とみる）、④統制しやすい組織に変革をする（ヒエラルキーの簡素化）—に整理される（大住 1999）。これは、単に「小さな政府」を目指すだけでなく、行政の成果主義的な管理を目指す改革手法であり、これら4つの手法を大きく2つのアプローチに分けるならば、行政管理者に裁量権を与えてやる気を引き出す "Let the managers manage"（まかせる）戦略と、契約関係により目標を達成させる "Make the managers manage"（させる）戦略の2つに集約できる[15]。

　我が国における臨時教育審議会答申以降の教育改革の文脈において、裁量権を与えられる「行政管理者」、あるいは契約関係を結ぶ主体が何を指すのかは必ずしも明らかにされているわけではない。ただ、臨時教育審議会答申以降の教育改革がNPM型の改革と言われる場合には、文部科学省−教育委

15　2つのアプローチについては本多（2009）などを参照。

員会－学校という縦の行政管理系列にあって、文部科学省・教育委員会による目標・水準の設定や資源配分を前提としつつ、各学校（校長）の裁量拡大を目指す、すなわち「学校の自主性・自律性」の確立を促すことによって、児童生徒の教育ニーズや保護者の教育要求を把握し、学校・教員の裁量でそれに応じた教育活動が展開されることを期待する改革であることが評価されたものと解釈できよう。

　しかし、こうした一連の教育改革は NPM 型の改革と評価されつつも、NPM の理念どおりの政策展開を遂げてきたというわけではないという見方もある。世取山洋介は、「教育の自由化」が図られ、学校教育の多様化や「学校選択」制の導入が試みられた、臨時教育審議会答申から20世紀末までの15年間を第一の期間とし、続く第二の期間として20世紀末から教育基本法改正までの間には、学校の自主性・自律性の確立を図るとして校長の権限強化のための仕組みが整備され、さらに、教育基本法改正後から現在に至る第三の期間において、「出口」管理型の教育行政管理を目指し、「全国学力・学習状況評価」の導入や学校評価制度の導入がなされたと整理する。その上で、こうした一連の改革の流れについて、「直線的」にではなく、「ジグザグ状」に展開されてきたと評する。すなわち、第一の期間は、「規制緩和」、「教育の自由化」の実施を目指す段階であったが、新しい学力観を提示し学校体系の多様化をもたらす契機を生み出すことに成功しているものの、「市場」を基礎とする「教育の自由化」については通学区域の弾力的運用に留まり、それほど改革が進んでいないこと、そして、第二の期間には、「規制緩和」に加えて統制の仕組み作りが求められるはずであるが、初等中等教育については、校長の権限強化や学校評議員、学校運営協議会の導入等によって学校を法人に「疑似」する組織として再構成するに留まったこと、さらに、それぞれの段階の改革が不十分のまま、第三の期間における「全国学力・学習状況調査」や学校評価制度の導入・実施といった、各学校の教育活動にかかる評価の仕組みのみがトップ・ダウン的に導入されるに至った、というこ

とが指摘されているのである（世取山 2008）。

　NPM 型の行政改革に対しては、“まかせる”戦略と“させる”戦略の 2 つのアプローチの方向性が異なり、その非整合性が批判の論拠とされる（毎熊 2002）こともあるが、世取山の指摘は、まさにその非整合性について批判したものと考えられる。行政を効率化する手段として議論されてきた NPM の枠組みについて、笠京子は、「十分に行政府を統制しえなくなった立法府を補完する形で、行政権力を統制し抑制するための行政管理ルール」と捉え、「効率化以上に、民主的な行政統制の強化を目指していること」、つまり、「効率化が自由民主主義という目的のための手段として位置づけられていること」を主張する。従来の NPM 理論は、企業や市場の原則を大幅に取り入れることによる行政サービスの効率化を中心に据え、「効率化の諸方策があらかじめ政府によって与えられており、その範囲を超えて自由裁量を行使できないこと」や「情報公開によって効率化競争や組織運営の是非を一般国民が判断するようになったこと」など、効率化競争が行われている「土俵」についての議論を軽視してきたが、効率化に向けて拡大される行政の自由裁量は、「行政サービスの受け手であり主権者である国民の監視・監督のもとでの自由」であり、「公選職ではない行政官の自由裁量は NPM によるルール化によって相対的に抑制される方向にある」ということを強調している（笠 2002: 159-160）。

　この点、勝野正章は、2005年10月に文部科学省から公表されたリーフレット「義務教育の構造改革―中央教育審議会答申の概要―」について、「国は目標を設定し、『インプット』（学習指導要領、教員養成、財源などを例示している）を確保し、全国学力調査と学校評価システムにより『結果』を監査する役割を負う一方で、『プロセス』に関する権限と責任をこれまで以上に市区町村と学校に移譲する」ものであるとその内容を整理した上で、「結果の検証が国の責任であると宣言されたことは注目に値する」と指摘するが、「管理、統制、評価の制度は、それらがどれほど技術的に見えるとしても、根底

にある一連の信念や価値観を表現している」としたニーブ（Neave）の主張を援用し、「成果や質は、このような倫理的、政治的な過程における順応さによって定義されるという示唆」を支持するとしている（勝野 2007: 3-10）。また、小川正人は、法と政治との間にある行政の肥大化批判として、政治主導による政策決定が進められ、（教育）行政の専門性、自立（律）性が後退する事態にあって、「法と政治の隙間を埋め政治的討議を実りあるものにし討議を通じた合意形成とその水準を高めていく手段として政策研究が改めて意義づけられる」とし、学校経営研究においても、「学校内外の『政治的なるもの』への分析視点がますます重要になっていく」と指摘している（小川 2009: 49-50）。臨時教育審議会答申以降の NPM 型の教育改革が抱える課題の解消を目指すならば、各学校において、それぞれの教員が子ども・保護者の教育要求を通して把握する教育課題と、各学校・教員に課される目標（文部科学省・教育委員会から求められる成果）との調整をいかに図るかという点について追究することが重要となるということであろう。

⑵教育経営におけるアカウンタビリティとその構成要素

「学校内外の『政治的なるもの』」に対し、教員はいかに向き合うべきか。

今日、教育行政・学校経営においても「アカウンタビリティ」という語が多く用いられているが、「アカウンタビリティ」とは、組織による諸活動の有効性・適切性を問う概念として幅広く用いられてきたものであり、その語源は、会計学において「会計責任」という訳語が使用されたことにあるとされる。

我が国において、「アカウンタビリティ」という語は「説明責任」と訳されることが圧倒的に多いが、これを「説明責任」としてのみとらえることには異論もある。1970年代のアメリカにおいて、アカウンタビリティとは主に「成果達成責任」として解釈されてきたものであったのに対し、我が国において、公的領域におけるアカウンタビリティのあり方が論じられる場合に

は、政府・行政が市民に対し、諸活動の実施状況を「説明」することが重視されてきた（沖 2000）のである。

　宮川公男は、地方分権等の改革を背景として、トップ・ダウン的で規則の遵守をベースにしたアカウンタビリティから、ボトム・アップ的で結果志向、成果重視のアカウンタビリティへの転換が今日におけるガバナンス改革の基本的方向であるとし、このようなアカウンタビリティにかかる転換は、組織運営に対し、規則や制約を緩め、マネジメントの裁量性と自律性を高めて成果を上げることを要求するものであると指摘する（宮川・山本 2002）。我が国においても、行政が法的義務を果たし、そのことを市民に対して事後的に説明を行うというだけでなく、その裁量性と自律性によって市民の必要性を適切に把握し、これに見合った行政活動を行い成果をおさめることも、「アカウンタビリティ」という概念が意味するところのものとして包含されるようになりつつあると言えるだろう。

　教育経営に求められるアカウンタビリティとは、ここまでの議論に基づけば、公教育に求められる目標・水準の下、子ども・保護者の教育要求・教育課題との調整においてなされる教員の専門的判断に基づく成果ということになろうが、これを教育上適切なものとするためにどのようなアカウンタビリティ・システムが求められるのだろうか。

　「アカウンタビリティ」には複数の意味が付与されていることを受け、平田淳は、これを整理する立場からアカウンタビリティを構成する諸要素とその相互関係を明確にするとして、次のような要素に着目している。すなわち、「いつアカウンタビリティを果たすのか（when）」、「どの程度のアカウンタビリティを負うのか（what level）」、「誰がアカウンタビリティを負うのか（who holds）」、「誰に対してアカウンタビリティを負うのか（to whom）」、「何に関してアカウンタビリティを負うのか（for what）」、「どのようにしてアカウンタビリティを果たすのか（how）」、というものである（平田 2008: 91）。その上で、我が国の教育改革諸政策が採用してきたアプローチについて、リー

スウッドらによる4つの分類—市場競争的アプローチ（market competition approach）、意思決定の分権化アプローチ（decentralized decision-making approach）、専門職的アプローチ（professional approach）、管理的アプローチ（management approach）—を用いて整理し、各アプローチの要素構成は異なるが、各アプローチ間には重複している要素があることを指摘する。そして、「アカウンタビリティとは単に経済原理を教育の世界に導入することを正当化する論拠となるだけではなく、むしろ市場原理を克服し、対立軸を形成するための視点を提示するという側面も有している」とした上で、「教育のアカウンタビリティを高めるための改革を実施するのであれば、そこでのアカウンタビリティとは一体何を意味し、その意味に基づいて考えた場合その構成要素の構造はどのようなものとなり、そういったアカウンタビリティを果たすためにはどのようなアプローチを採用することが必要となるのかを見極めたうえで体系的になされなければ、結局はその改革は手段と目的が一致しない、場当たり的な、効果の薄いものとなってしまう恐れがあるということは否定できないだろう」（平田 2009: 148）としている。

　この点、山本清は、誰に対して説明責任を果たすべきかという視点から、アカウンタビリティを5つに分類する。5つの分類とは、①プリンシパル–エージェント関係に基づく「政治的アカウンタビリティ」、②「法的アカウンタビリティ」、③監査や評価に基づく「管理的アカウンタビリティ」、④同僚間の高い倫理観・社会的責務の共有が図られ、自ら矯正・修正を行うことが前提となる「専門的アカウンタビリティ」、⑤広く利害関係者に対する「社会的アカウンタビリティ」、を指す（山本 2013）。平田（2009）が依拠しているリースウッドらによる4つの分類と類似しているが、特筆すべきは、それぞれのアカウンタビリティを担保するための仕組み自体を重視した分類となっている点である。特に、④の専門的アカウンタビリティについては、同僚間において懲罰を含む自律的な責任保持体制がとられていない場合等においては適切に機能しないことが指摘されている。ただ、その質について検討

すべき余地は大いにある。政治選挙や訴訟、監査・評価といったように、アカウンタビリティが果たされているかどうかを市民や第三者が事後的にコントロールするための仕組みが制度化されている範囲において、①〜③及び⑤のアカウンタビリティは担保され得る。しかし、④のアカウンタビリティ、これには、例えば学校における教員の教育活動において実現されるべき価値、また、それを適切に実現する方法等が含まれようが、これを市民や第三者がコントロールすることは容易ではなく、しかし、だからといって教員自身がその同僚間で行う矯正・修正にその質の維持を期待できるかというと、その確たる保証もないのである。

(3)学校における「内部アカウンタビリティ」と「外部アカウンタビリティ」

学校経営に関する国内外の先行研究においては、「専門的アカウンタビリティ」の有効性を支持するもの、すなわち、学校が外在的な要請に応じるために、教員集団において教育課題の追求・共有がなされることの必要性を指摘した研究が多く展開されている。篠原岳司によれば、こうした研究は、例えばアメリカで見られる1980年代以降の改革動向のように、一斉学力テストの実施など行政主導で成果に基づいた学校アカウンタビリティの保障を試みる政策に対し、これを批判的に捉える立場から広く展開されるようになったものでもあるとされ、教育行政主導のアカウンタビリティ＝外部アカウンタビリティ（external accountability）政策に対しての、内的アカウンタビリティ（internal accountability）保障の議論とも呼ばれる（篠原 2007）。

内的アカウンタビリティ保障の議論において、その代表格とも言えるエルモアの研究は、学校が学力の向上という社会的要請に応じることを「外部アカウンタビリティ」と定義し、学校が「外部アカウンタビリティ」を果たす前提条件として、「内部アカウンタビリティ」―学校の組織構成員間において規範、価値、期待について調整し共有する仕組み―を有していることが必要であると指摘する。具体的には、子どもの多様な学習ニーズに直面する

個々の教員の間において、規範や価値、期待について調整・共有する仕組み
は、個々の児童・保護者の教育要求を踏まえた適切な教育活動の実施を可能
とし、その結果として、学力の向上という社会的要請に応答することができ
るという点について、ケーススタディを通して検証している。このケースス
タディの対象とされているのは、経営主体や学校を取り巻く地域社会の多様
性を考慮して抽出した複数の学校であり、学校の経営主体の相違に伴う「外
部アカウンタビリティ」保障のための仕組みの多様性（チャーター法や地方カ
リキュラム基準など）によらずすべての学校において、学校が誰に対して、何
について、どのように説明責任を負うかに関するほとんどの決定が、学校内
部の教員らに任されているということが指摘されている[16]。

　こうしたエルモアのアカウンタビリティ論に基づく研究は、国内において
も多数見られる。例えば、佐古は、学校の「外在的」あるいは「外発的」な
要請として「学力向上」を取り上げ、学校が「外発的な要請への対応に終
始」するか、それとも「児童生徒の課題を継続的・協働的に追求」するかと
いった学校の取り組み方の違いは、学校組織の教育機能の質の違いをもたら
すとし、教員の協働性と自律性を高めることにより学力向上への取り組みが
実現されることを、ケーススタディの結果に基づき指摘するとともに、「教
育組織化」としてそのプロセスを理論化している（佐古 2006a, 2006b; 佐古・山
沖 2009; 佐古 2010; 佐古・宮根 2011; 佐古・竹崎 2011）。ただ、一連の佐古らの研
究に対しては、教員の協働性と自律性を軸に展開される組織開発理論がミド
ルリーダーの存在を前提としたものであり、校長の役割が制約されているこ
とに加え、組織統制の在り方にかかわって、個々の教員の個業化の程度を縮
減することに議論が限定されている点を指摘する研究もある（大脇・西川

16　これは、教育政策決定過程における「バックワード・マッピング」―すなわち「制度レベルの
　政策担当者と管理職は、制度の最小単位である教室や学校で実現しようとする結果についての明
　確な認識に基づいて、自らの決定を行わなければなら」ず、「組織的政策の決定を最小単位のレ
　ベルの仕事の要求に応じて変化させなければならない」（Elmore 2004＝2006: 6）という政策決定
　モデル―を支えるアカウンタビリティ論とも言える。

2014）。

　このような先行研究は、定性的なデータに基づく仮説生成あるいは仮説検証を行ったものが多く、得られた知見の一般化が必要ではあるが、学校の「外部アカウンタビリティ」を支える「内部アカウンタビリティ」―教員間での規範や価値等の調整・共有―それ自体の機能は、エルモアが指摘するように、教員の責任、あるいは一連の佐古らの研究や大脇・西川（2014）の指摘に見られるように、学校組織の経営戦略など内部の責任保持体制に依拠するものとして捉えられてきた。すなわち、これらの先行研究においては、「内部アカウンタビリティ」の態様に関して、教員・学校組織の特性が指摘されるに留まっているということであり、教員の責任、あるいは、学校が組織として責任を果たし得る経営体制がどのような条件の下で機能しているのかといった点についての解明が十分になされてこなかったということに加え、佐古らによる研究において指摘される、学校が「外発的な要請への対応に終始」するか、それとも「児童生徒の課題を継続的・協働的に追求」するかといった学校の取り組み方の違いが、実際にどのような教育上の質的変容をもたらしているのかという点についても必ずしも明らかにされてきたわけではない。ゆえに、これらの研究成果から学校アカウンタビリティ保障に向けた政策的な知見を得ることが困難となっているものとも指摘できるだろう。

第3節　「内部アカウンタビリティ」の決定要因

⑴「教員間の協働」研究の課題

　学校の組織構成員間において規範、価値、期待について調整し共有する仕組みとしての「内部アカウンタビリティ」の具体的手段について、教育学の諸研究においては「教員間の協働」が広く注目されてきたが、この「教員間の協働」にかかる研究においてこれまでに得られた知見と研究上の課題につ

いて整理しておきたい。

　教員間の協働は、とりわけ、学校経営研究では教育成果の改善や職能成長・組織学習という側面から着目され、実証分析が重ねられてきた。特に、米国などでは、学校内部における経営過程の質的分析に基づく「効果のある学校」研究が提示した知見が、「協働的文化」、「専門職共同体」などと概念化され、大規模サーベイに基づく量的分析を用いても検証されてきたところである（Newman et al. 1989; Lee et al. 1991; Lee et al. 1997; Bryk et al. 2010 など）。こうした研究上の視点・知見は、90年代末以降の「学力問題」や「格差問題」に対する政策的・学術的関心とも相まって我が国でも積極的に摂取されており（鍋島 2003; 志水 2010）、これらの先行研究もまた、教員間の協働の効果を高く評価するものである。しかし、その一方で、教員間の協働それ自体をいかに構築し維持するかという点についてやはり十分な検証を行ってきたとは言えないのが実態であろう。

　例えば、比較政治学の分野において、1980年代半ば以降に台頭したとされる理論に「新制度論」がある。河野勝によれば、これは、1960～70年代に主流とされた研究が政治の過程に重点を置き過ぎていたとし、その政治過程を規定する制度の役割を見直さなければならない、という考えに端を発するものである（河野・岩崎 2002: 116-117）。この「新制度論」の立場に立つのであれば、教員間の協働についてその態様及びそれがもたらすとされる成果について、これを規定する制度の役割を明らかにする作業を通して、より政策的・実践的な検討が可能となるはずである[17]。

　この点、欧米の既存研究から得られた知見については、日本でも同様の解

17　なお、中留武昭によると、後述する学校経営現代化論以降において、民主化や合理化を追求するための組織化過程に焦点を当てた研究として、教授－学習過程と経営－管理過程とを相即的に捉えた研究は多く展開されるようになったものの、単位学校における「各領域ごとの経営を一挙に当該地域における行政（教育委員会）の経営と有機的な関連を持たせて分析した実証的研究は、いまだ皆無」であり、そのための方法論を生み出すことが今後の課題であると指摘される（中留 1986: 33-34）が、今日においてもなおそうした方法論の確立には至っていないようにも考えられる。

釈・含意を導くことができるかといった疑問がある。欧米での研究成果から、教員間の協働を構築する条件について答えを見出すとするならば、その有力な答えのひとつは「校長のリーダーシップ」ということになろう（Hallinger and Heck 1997; 中留 1998; 露口 2008 など）。「校長のリーダーシップ」については後述するが、しかし、80年代以降の学校組織改革において学校への裁量権限の委譲が進行し、管理職養成制度の体系的な素地もある欧米と日本とは制度的な背景を異にしており、欧米の研究による知見を容易には移植できないものと思われる。我が国においては、学校への裁量権限の委譲や管理職養成制度の構築が欧米に比べ進んでいないことに加え、学校と教育委員会との間には、学校運営に関する基準設定や指導助言及び教員の人事配置等をめぐって密接な関係性が存在しており、そうした制度的環境が学校組織の内部過程を多分に規定している（加治佐 1998）。つまり、教員間の協働に関する研究において欠如している、学校組織を取り巻く制度的要因への着目が我が国においては必要不可欠であり、教員間の協働を促進・制約する制度的環境がいかなるものか明らかにされるならば、教員間の協働がもたらす効果をより高めるための制度構築の検討も可能となり、重要な政策的知見を得ることができるものと考えられるのである。

⑵「教員間の協働」の態様

　そもそも「教員間の協働」の態様はいかなるものであるか。

　「教員間の協働」の定義は多岐にわたるが、戦後我が国の学校経営研究において教員間の協働が重視されるようになったのは、主に学校経営現代化論が展開されて以降のことと考えられる。

　河野和清によると、戦後における我が国の学校経営は、1980年代後半に至るまでは「福祉国家下における学校経営」と特色づけられ、「教育を受ける権利」の保障に向けて国家が積極的に教育事業を行った時期とされる。その中で、1956年の「地方教育行政の組織及び運営に関する法律」の制定を境

に、1970年代半ばにかけて活発に展開された「学校経営近代化論」において
は、学校経営の民主化よりも経営の合理化や能率化が志向される。この近代
化論を主張する伊藤和衛が唱える「重層構造」が特別権力関係を支持するこ
とになるとして、民主化論の立場から宗像誠也が「単層構造」を唱えたとこ
ろに学校経営の重層－単層構造論争の発端がある。しかし、1970年代に入っ
てからは、「学校経営現代化論」、すなわち、民主化と合理化を踏まえた上で
の「科学化」を志向することが求められるようになり、高野桂一の主張を契
機に、教育の論理を踏まえつつ、行政からの高度な自律性を確保した学校経
営論（専門職組織論）が展開されるようになった。それが、1980年代後半以
降になると、社会経済の変化を背景として、地方分権化や規制緩和を基本原
理とした行政改革が行われ、消費者としての保護者の利益に見合った多様な
学校経営、すなわち、教員集団を中心とした学校経営論ではなく、「組織外
民主化」を前提とした「自律的学校経営論」が展開されるようになるのであ
る（河野 2002: 158-162）。

　こうした学校経営論の変遷を背景として、藤原文雄は、我が国における
「協働」論の展開について整理しており、高野桂一が教員間の「協働」につ
いて、教員が学校の組織構成員、特に教員集団の中にあって、教育目標・経
営目標という共通の目標を達成するために、よりよい教育実践を目指して意
識と行動を統一に導くよう積極的努力をしている動的状態を指すものである
と定義するのに対し、吉本二郎の「協働」論は、教員間における討議が適切
な目標の合意形成を果たすプロセスを否定し、学校組織における校長の管理
能力とリーダーシップの必要性を論じるものであったことを指摘する。さら
に、この点に関して藤原は、勝野正章や諏訪英広らによって展開されてきた
「協働」論批判の論点、すなわち、教員間の協働が外部で設定された所与の
目標にとっての手段として客体化されることの問題性についての指摘を踏ま
えつつ、吉本に影響を与えたバーナードの「協働」論が、組織目的の達成と
組織構成員個人の満足度との差異を重視するものであり、組織の管理職能と

して、組織構成員の組織への貢献を獲得するための「動機づけ」を挙げるものであったことを指摘している（藤原 1999a, 1999b）。

　一方、海外の研究における「教員間の協働」に関する言説については、Lavie（2006）によると、次の5点、⑴文化的言説（信頼など専門職的人間関係における文化的特質）、⑵効果的な学校の文脈における言説（経営者としての校長を中心としたビジョンの統一）、⑶「共同体としての学校」の文脈における言説（官僚制的な組織としての学校に対置される共同体（親・生徒も含む）としての学校）、⑷再構成的言説（経営の変革を指向した専門職共同体、組織的な学習指導）、⑸批判的言説（公式化された協働に対する批判としての、民主的参加に基づく集団的実践）に整理される。

　本研究においては、我が国における「協働」論の特徴と今日的課題を踏まえ、Lavie（2006）における⑷の意味での「教員間の協働」—「再構成的言説（経営の変革を指向した専門職共同体、組織的な学習指導）」—を念頭に置くこととし、その規定要因の追究を試みる。ここで言われる「経営の変革を指向した専門職共同体」あるいは「組織的な学習指導」の具体的内容について、本研究では、Bryk et al.（1999）において示された構成要素を参考とする[18]。Bryk らによると、「専門職共同体」としての学校は、教員間の相互作用が頻繁にあり、教員の行動が授業・学習の実践・改善に焦点化された共有規範に支えられている学校と定義され、⑴省察的対話、⑵実践の共有、⑶教員間の協働、⑷規範によるコントロール（生徒に対する期待・効力感に基づくコントロール）、⑸責任の共有、⑹新任者の社会化、がその構成要素とされているが（Bryk et al. 1999）、これら6つの要素のうちの大半が「組織的な学習指導」に関わるものと言うことができる[19]。

18　「専門職の学習共同体」理論にかかる邦語文献として、Hord や Leithwood、Hargreaves による議論の展開について検討した織田（2011, 2012）が挙げられる。

19　なお、露口（2013）は、Bryk et al.（1999）に加え、Louis et al.（1996）に示される「専門職共同体」の構成要素（①規範と価値の共有、②生徒の学習への焦点化、③協働、④実践の公開、⑤省察的対話）に基づき、これらが個々の教員の授業力（教員による自己効力感）にもたらす影響

⑶「教員間の協働」の決定要因

　「効果のある学校」研究のレビューである Sammons et al. (1995) において
は、その共通要素として、①校長のリーダーシップのほか、②ビジョンと目
標の共有、③学習を促進する環境、④学習と教授への専心、⑤目的意識に富
んだ教え方、⑥子どもたちへの高い期待、⑦動機づけにつながる積極的評
価、⑧学習の進歩のモニタリング、⑨生徒の権利と責任の尊重、⑩家庭との
良好な関係づくり、⑪学び続ける組織、が挙げられている[20]。そして、これ
らの要素は、様々な名称によって概念化されてきた。例えば、「社会関係資
本」や「共同体意識」は②⑥⑩と、「協働的文化」や「専門職共同体」、ある
いは本研究において注目する「教員間の協働」は②⑥⑪と密接に関係する。
計量的実証分析では、これら内部過程変数—学校組織の属性や風土・文化、
その経営に関する要素—が児童・生徒の学力や教員の効力感・職務満足度を
高めることに寄与するとされてきたのである（Newman et al. 1989; Lee et al.
1991; Lee et al. 1997 ; Bryk et al. 2010 など）。

　しかし、これらの研究は因果メカニズムの解明において難点を有する。す
なわち、逆の因果関係—成果を生み出している学校ゆえに良好な学校内の人
間関係を築くことができる（Gamoran et al. 2000）—も考えられるということ
である。このことは、「教員間の協働」のような内部過程変数と「校長の
リーダーシップ」や「社会関係資本」などの他の内部過程変数との因果関係
にも該当する。また、因果関係の方向性を不問に付すとしても、「教員間の
協働」（あるいは他の内部過程変数）がいかなる環境の下で醸成・維持されるの
かといった点はほとんど解明されていない。

　なぜ、「教員間の協働」の醸成を促す要因についての検証がなされないの

についてマルチレベル分析を行っている。その結果、「専門職共同体」醸成は個々の教員の授業
力向上に対して効果を持つとは言えないが、校長がサーバント・リーダーシップを発揮している
学校では「専門職共同体」の醸成が個々の教員の授業力向上に結び付き易いことが明らかになっ
たとしている。

20　邦語文献としては、志水（2010）が同内容を紹介している。

か、その理由は定かではないが、学校をルース・カップリング—専門職としての個々の教員の裁量を尊重する—とする組織観が存在し、教員間の信頼関係の構築がその前提として捉えられてきたことや、Hargreaves（2003）が指摘するように、教員間の「協働」や「同僚性」（＝「批判的友人関係」）は、自然発生的かつ自発的に醸成されることによって教員の職能開発に適合的なものとなるのであり、これを義務化する、あるいは行政により合目的的に管理・促進されるような場合、強要的で人工的なものとなってしまう可能性（＝「企てられた協働」）があるとの見方が強く存在してきたことによる影響が大きいとも考えられる。先述の「自律性を前提とした専門職」に関する佐久間（2007）の指摘とも重なるが、いかなる要因によっても規定されないこと、つまり教員の職務の自律性こそが、教員の協働や同僚性の機能を高める上で重要な要素となるものと考えられてきたというわけである。

　一方で、国内の研究動向においては、教育行政の役割は教育を成立させるための条件整備（外的事項）に限定されるべきであり、教育の内容や方法など（内的事項）については教師の自由に委ねられるべきであるとする内外事項区分論の影響も看過できない。この内外事項区分論は、宗像誠也が1950年代後半に提唱したものであるが、これまでには批判的議論も展開されてきた。例えば、黒崎勲は、内外事項区分論を「教育を無前提に善とし、教育の外からの規制の一切を悪とする論理」であるとし、教育に対する「行政権の関与を斥けて、では外的事項の決定を誰に委ねるというのであろうか」（黒崎 1999a: 109）と指摘する。また、佐藤修司は、内的事項に関する統制形態を「国家介入型」、「専門職主導型」、「民衆統制型」、「市場選択型」の4類型に整理した上で、「これら4類型は現実の社会において純粋な形では存在しておらず、複合的な形で現出」しており、区分論についても、「単一の統制形態に帰属するものとしてではなく」、「関連諸主体の関係を調整する原理として位置づけられなければならない」（佐藤 1998: 24-25）とし、区分論の再構成が課題となると指摘している。例えば、「専門職主導型」の統制形態は

「教師に無制約な自由を付与する」ものではないが、保護者や子ども、住民の教育要求が受け入れられるかどうかの判断は教員に委ねられており、「教師による自由の乱用を防止する方策」としては「国家、公権力の介入の防御が最優先課題とされ、その上で、教師や親、子どもなどの共同的、自治的解決が目指される」に留まること、また、「教師が教師であるため」の「厳しい自己点検と自己形成への努力」としての「自主研修」も、「教師の職業倫理に期待されるのみであって、法的に強制されるわけではない」こと等を挙げ、「内的事項に関し、教師が自ら執行し、自ら管理・監督する構造になっているばかりでなく、自己の能力管理も教師自らが行うこととなっており、チェックアンドバランスのシステムを欠いている」といった課題があると指摘する。その上で、我が国における区分論は、「直接責任の具体的システムが欠如しており、抽象的なレベルにとどまっていることが問題とされるべき」（佐藤 1998: 20-21）とし、その具体的方策のひとつとして「教師の教育活動を内的事項に、教師の能力管理を外的事項に位置づけること」（佐藤 1998: 25）を挙げているのである[21]。

　内外事項区分論を提唱した宗像は、「今日どんな国でも、教育行政がただ外的事項の範囲に属する条件整備のみを引受けて、内的事項には統制を及ぼそうとはせず、教育内容について完全に自由放任を許しているところはあるまい」と述べ、実態として教育行政は「民主主義の理想通り」に営まれているわけではなく、「権力の要素を抜きに」考えることはできないと指摘しているが（宗像 1969: 10-12）、例えば、佐藤の指摘するような「直接責任の具体的システム」として「教員間の協働」の促進要因を検討するとき、「専門性」と「民主性」の両立という視点からそれが有効に機能し得るのか、あら

21　こうした佐藤の主張は、我が国における内外事項区分論の参考とされたキャンデルの所説が、「教師の自由が専門職としての性格から要請されることの反面として、教師に自由が付与されるための条件を、専門職としての十分な力量の保持に求め」ており、「教師に対する専門的な人事管理システムの必要を説いていた」（佐藤 2006: 64）ことに依拠するものと考えられる。

ためて検証することが求められているものと言える。

⑷校長のリーダーシップへの遡求の限界

　他方で、「教員間の協働」や信頼関係、社会関係資本の醸成・維持を促進する要因として、校長のリーダーシップを重視する研究も多く見られる。例えば、Hallinger and Heck（1997）が主張する校長の２つのリーダーシップ——「指導的リーダーシップ」（各教員の教育活動の改善に対し、指導方法等の面で直接的に作用する）と「変革的リーダーシップ」（学校組織の改善に向けた雰囲気をつくることで各教員による教育活動の改善行動を促すなど、間接的に作用する）——などを踏まえ、我が国でも中留武昭や露口健司らを中心に、「校長のリーダーシップ」が、学校文化の醸成を通して個々の教員の行動に影響をもたらし、学校改善が促進されることを明らかにした研究が多く展開されてきた。

　中でも露口健司は、Hallinger and Heck（1997）などにおいて主張されてきたリーダーシップ——「指導的リーダーシップ」と「変革的リーダーシップ」——に加えて、「分散型リーダーシップ」や「サーバント・リーダーシップ」の概念を紹介する。「分散型リーダーシップ」とは、「組織のトップリーダーへの焦点化は、ミドルリーダーの動きを捨象してしまう」ため、「リーダーシップを１人のリーダーの行動現象というよりも、組織現象（organizational phenomena）として捉える方法がより妥当である」として示されたリーダーシップ論であり（露口 2011a: 21）、また、「サーバント・リーダーシップ」とは、個々の教師の主体性やエンパワーメントをより重視する新しいアプローチであるとされる。こうした校長のリーダーシップに関しては、学校組織における「専門職共同体」の機能、すなわち、教員間の相互作用を重視し協働的に個々の教員の授業力を向上させる点において、これらのリーダーシップが実質的に機能し得ることが、教員等を対象とした質問紙調査データの分析に基づき論じられてきたところである（露口 2011b, 2013）。

　さらに、露口は、校長のリーダーシップから児童パフォーマンスの向上に

64

至るプロセスの解明を研究課題とするが、この場合に、アメリカ等で1980年代以降に採用されてきた教育的リーダーシップ・アプローチを使用することについては、保護者等に対する影響力行使（保護者等の協力を得ることや、児童の学力への関心を高めること等の価値観の変容など）が枠組みに含まれない点で問題があることについて指摘している（露口 2008）。そして、先述のように、我が国で実施した実証分析に基づき、学校に対する保護者の信頼構築が学校組織の経営的戦略によって促進され得ることが指摘され、保護者の学校に対する信頼と教員らの自己効力感の間には相互関係があることも主張されている（露口 2012）。Becker and Epstein（1982）が明らかにしたように、校長がリーダーシップを発揮することによって保護者等を巻き込み、結果的に児童の学力向上を果たし得るという点に対しては、我が国の教育経営研究においても関心が高まりつつあると言えるだろう。

　しかし、このように、「校長のリーダーシップ」を教員間の協働や信頼関係、社会関係資本の規定要因として捉えることにも問題がないわけではない。その理由として、第一に、「校長のリーダーシップ」を支える校長の力量それ自体がどのような環境条件の下で形成されるのかが必ずしも明らかではないこと、第二に、社会学的新制度論[22]的視点に立てば、学校組織内部過程である教員間の協働や信頼関係、社会関係資本の醸成・維持は、学校の置かれた地域の特性や、学校を取り巻く制度的環境にも影響を受けるものと考えられるが、それらを考慮せずに、校長のリーダーシップの態様のみを規定要因として捉える傾向が強いことである。この点、勝野正章は、「スクール・リーダーシップは政治的・経済的・社会的環境から隔絶された真空状態

22　伊藤修一郎によって定義されており、組織論における「同型化」がなぜ起こるのかを問うことによって、組織や人間の行動原理を見出そうとするアプローチであるとされる。ほかの「新制度論」との大きな相違としては、制度が人間行動を統制する仕方に関して、ほかの「新制度論」が「制約の論理」を提示するのに対し、「社会学的新制度論」は「制度がアクターの現実理解や認識など『行動』の前提となる部分に作用して、アクターに何の疑いもなく一定の行動を行わせる」という「行動の論理」を提示している点にあるとする（伊藤 2002: 147-149）。

の中で生成するものではない」とし、「目標設定と評価を中核とする新しい教育制度統治体制の整備、NPM の理念と手法の浸透、競争の強化等の学校環境の変化」がスクール・リーダーシップの「理念と機能にどのように変質をもたらし、どのような矛盾を抱え込ませることになるか」を問う必要性がある（小川・勝野 2012: 200）としているが、教育条件・内容における基準設定や指導助言に加え、教員人事等を通して地方行政機関（都道府県教育委員会、教育事務所、市町村教育委員会）と公立学校が密接に関わっている現在の我が国における学校教育制度の下で、以上のような問題についての追究は極めて重要であるものと考えられる。

(5)制度的・組織的環境への着目

　上述の指摘に対応する先行研究を見出すのは難しいが、Bryk et al.（1999）は一定の示唆を与えている。Bryk らは、学校における「専門職共同体」が教員間での学習などを通して学校の効果を高めることを前提として、「専門職共同体」の成立を促す組織的・文脈的要因の解明をサーベイデータの計量分析によって試みている。そこでは、学校単位の「専門職共同体」の程度及びそれに付随する組織学習を促す要因として、組織的要因（学校規模、校長の指導的リーダーシップ、教員間の信頼関係、教員構成）、文脈的要因（教員の離職率、保護者・地域との関係）に着目がなされている。従来の「効果のある学校」研究が焦点化してきた、校長のリーダーシップや教員間の信頼関係だけでなく、学校規模、教員の構成（教員個々の属性）、教員の離職率などの制度的・組織的な要因、あるいは学校と保護者・地域との関係性など地域の属性がこれに影響することを想定しており、学校単位の「専門職共同体」の決定要因を多角的に考慮し、社会的・制度的な条件による影響力の程度をより正確に把握することのできる分析モデルを提示している点で示唆に富む（Bryk et al. 1999）。

　無論、米国の公立小学校を実証分析の対象として展開された Bryk らの研

究において社会的・制度的要因として考慮されているのは、教員集団の規模
や構成（教員の属性）及び保護者・地域との関係性に留まる。Bryk らの研究
による知見が我が国の学校組織にも当てはまるかという点に加え、米国とは
異なる日本的な制度的条件—教育委員会による教員人事や学校に対する指導
助言、支援など—に即して制度的・組織的要因を検討した分析モデルの構築
を図る必要があるものと考える。

第4節　行政責任・統制の類型と教育経営への応用

　前節では、「内部アカウンタビリティ」を有効に機能させるための手段の
ひとつとして注目されてきた「教員間の協働」について、その決定要因を検
討してきたが、これを踏まえると、我が国における公立学校のアカウンタビ
リティについては、学校・教員による自律的・協働的な取り組みによって保
障されるのみならず、学校・教員を取り巻く環境や制度的条件が少なからず
影響をもたらしているものと想定される。
　ここでは、そうした我が国における公立学校のアカウンタビリティを説明
し得る分析モデルの構築を試みることとする。
　先述のエルモアのアカウンタビリティ論における「内部アカウンタビリ
ティ」及び「外部アカウンタビリティ」とは、「内部」と「外部」を分ける
基準として「学校」という組織を位置づけた上で、行政学において説明され
るところの「内面的責任」と「応答責任」をそれぞれに表現しているものと
言ってよいだろう。森田朗は、行政活動の担い手である行政官は、単に「法
律の規定どおりに、政策を機械的に執行する」だけでなく、「国民の多様な
要望に応えて現代社会を管理し、社会システムを適切に制御する能動的な責
任を負っている」、つまり「外部からの統制に服し、問責に応えるという意
味の応答責任」だけでなく、「専門家として与えられた職務を正しく遂行す
る行政官自身の内面的責任」が問われるとしている（森田 1996: 159）。この森

田の説明は行政官僚の責任にかかるものであるが、先述のように教員をも含むリプスキーによる「ストリート・レベルの官僚」についても同様であるものと言える。ただ、先に述べたフリードリッヒ＝ファイナー論争において指摘されたところの「機能的責任」を問うことの難しい教員の職務については、「内面的責任」を問うことによって「応答責任」が果たされることを期待するに留まる。「内部アカウンタビリティ」が「外部アカウンタビリティ」を支えるとしたエルモアのアカウンタビリティ論は、結果的に「応答責任」に対する「内面的責任」の優位性を示すに留まるということであり、その「内面的責任」をいかに機能させるのかという点、すなわち「統制」の在り方に関する十分な考慮を欠いているという点において、学校アカウンタビリティの態様を説明するモデルとしては不十分と言わざるを得ない。

「統制」の形態・手段に関しては、行政学における代表的な研究として、ギルバートの研究（Gilbert 1959）を参照することができよう[23]。これは、行政統制の手法について、行政機関の外部から行われるものか否か（External／Internal）という軸と、それが法制度で規定されているか、それとも事実上のものか（Formal／Informal）という軸によって類型化を行ったものであり、我が国の教育経営学研究においても注目されてきた経緯がある。

ギルバートによって4つに分類された行政統制の手法について、森田朗は、それぞれの統制形態における具体的な方法を表2-1のように整理している。

このギルバートによる行政統制の4類型は、外在的な統制か、それとも内在的な統制かという二分論ではなく、それぞれを制度的な統制か、それとも非制度的な統制かという点においてさらに区別している点を特徴とするが、我が国の教育経営分野においてこの類型に着目した研究に共通するのは、4類型のうちいずれの形態による責任が重要であるかという点が議論の俎上に

23　今日における我が国の行政学研究においても、行政統制の実態を捉えるための枠組みとして参照されている（宮川・秋吉 1996; 竹本 2010 など）。

表2-1　ギルバートによる行政統制（責任）の４類型と主な統制の方法

	外　在　的	内　在　的
制度的	議会による統制 裁判所による統制 会計検査院による統制	各省庁大臣による統制 人事院等による管理・統制 官僚制の指揮命令系統による統制
非制度的	利益集団による圧力 マスメディアによる批判 外部専門家による批判	同僚職員の評価・批判 職員組合の批判

森田（1996: 161）より引用

　載り、教員による自律的・専門的責任、すなわち内在的・非制度的責任の機能を評価することに終始している点である。例えば、小松郁夫は、教育行政における責任論に関して、非制度的責任、特に機能的責任（専門的規準に対する責任）の教育における特徴への配慮と、問責者（本人）の側の特殊性、子どもの存在への配慮について特に論じられるべきであるとし、「子どもは、一般行政領域に対する、市民の統制や制裁手段のようなものを持っていない存在であるから、そこにおける正統性の根拠をどこに求めるべきかは、法的制度的責任の追求のみにて終了する問題ではない」（小松 1977: 39）と述べる。また、露口健司は、ギルバートによる類型を参照し、教育行政における責任を４局面に整理した上で、専門的責任が官僚的責任に支配されていることが教育制度の重要な問題であることを指摘するが、専門的（自律的）責任こそが教育責任論や専門職論と結びつくと結論付けるに留まっている（露口 1995）。

　本研究において、教育経営における責任・統制構造を検討する上でギルバートによる行政統制の類型を参照する理由については、あらためて以下のように整理できる。

　まず、教育経営研究において多く注目されてきたエルモアのアカウンタビリティ論では、先述のように、「内部アカウンタビリティ」として主張されるところの教員による「内面的責任」が、「教員間の協働」など教員集団内

第 2 章　教育経営における責任・統制構造　　69

部における責任体制＝内在的かつ非制度的な統制によって成り立つものであることを前提とし、「内部アカウンタビリティ」こそが「外部アカウンタビリティ」の促進要因とされる。こうした主張は、「専門職」とされる教員の職務に求められる自律性の概念とも整合的であるものと評価できよう。しかし、広域的な教育水準や公平性の維持を図る上で、教員の職務にとって学校組織単位での完全なる自律性、すなわち、教員集団において「内面的」な「応答責任」が確保されることのみが必ずしも望ましいわけではない。なぜなら、先述のように、教員の職務については、その「機能的責任」を支える明確な「科学的根拠」あるいは「専門技術性」が確立されていないという側面を否定することができないためである。

　そもそも、エルモアのアカウンタビリティ論は、先述のように、「学校」という組織を基準として「内部アカウンタビリティ」と「外部アカウンタビリティ」の関係性を論じているが、我が国における公立学校の経営は、先述のように、教育内容の決定や資源配分の面で文部科学省や教育委員会との間に密接な関係性を有しているのであり、「教員間の協働」など非制度的かつ自律的な努力によって支えられる公立学校の経営と、法制度に基づく教育行政による学校管理との間の影響関係を踏まえること、したがって学校組織と教育行政組織を併せて「教育経営組織」として捉え、その内部と外部とを区別した責任・統制論を構築することが、我が国の公立学校におけるアカウンタビリティの実態を検証する際には必要であるものと言えるだろう。以上の点から、エルモアのアカウンタビリティ論では捉えきれない我が国の教育経営の実態について検証を行う上で、ギルバートによる行政統制の４類型は参照に値するものと考えられるのである。

　表2-2は、先述のギルバートによる行政統制（責任）の４類型（表2-1）を参照しつつ、教育経営における統制の形態・方法について整理したものである。これら４つの形態による統制は、それぞれが自律的に機能するのではなく、相互補完的に機能することによって、学校のアカウンタビリティが果た

表2-2　教育経営における統制の類型とその方法

	外　在　的	内　在　的
制度的	・首長や議会による統制	・文部科学省や教育委員会による基準 ・教育委員会による人事・予算 ・教育委員会による指導助言
非制度的	・社会の要請 ・保護者等の教育要求(学校参加) ・学校評議員	・学校組織における教員間の協働

されるものと考える。

　まず、エルモアの指摘する「内部アカウンタビリティ」は、「内在的・非制度的統制」の機能を前提とするものと言える。具体的な手段としては、学校組織内部における「教員間の協働」などが挙げられよう。しかし、先述の「教員間の協働」の決定要因にかかる検討に基づくならば、学校の「内部アカウンタビリティ」は「内在的・非制度的統制」のみによって果たされるわけではない。協働を含めた教員らの行動を規定し得る、教育内容の基準設定や各学校への教員の人事配置、学校経営にかかる指導助言など、教育行政（文部科学省、都道府県及び市町村教育委員会）による学校管理・支援の態様が「内在的・非制度的統制」にもたらす影響は大きいものと想定され、「内部アカウンタビリティ」を左右する要素となり得る。こうした教育行政による学校管理・支援は、法制度に基づいて実施されており、我が国における学校教育活動の展開を観察するにあたって、教育委員会と学校とを別個の独立した存在として切り離して捉えることは学校制度の実態に即していないものと言える。先述のように、教育委員会と学校とを、両者間の関係性を含め「教育経営組織」[24]として捉えることに伴い、教育委員会による管轄下の学校の管

24　なお、教育委員会と学校を包括的に「教育経営組織」として捉える点に関して、本研究では、教育委員会の職務について都道府県教育委員会と市町村教育委員会とを区別していない。例えば、公立義務教育諸学校における教員の人事配置は、政令指定都市を除き、原則として都道府県

第2章　教育経営における責任・統制構造　71

理・支援については「内在的・制度的統制」と位置づける。

　また、前章で概観した学校参加論の展開、あるいは「開かれた学校」政策の展開を踏まえるならば、その展開の契機となった「内部アカウンタビリティ」の機能への懐疑は、学校における教育活動の「民主性」の向上を目指した法制度改革の動向を生み出し、保護者等による学校への直接的な参加行動あるいは教育要求の表出を促進してきたとも言えるが、法令上、学校経営に組み込まれない日常的かつ自主的な保護者等による学校参加は、「外在的・非制度的統制」と位置づけることとする。

　なお、「学校評議員制度」は、前章においてその成立過程に関して指摘したように、学校参加を制度化するというのみならず、学校組織内部において校長権限の有する影響力を強化するものである点を否定できない。つまり、単に外部者による学校経営に対する影響力の強化を目指したものではなく、NPM型の教育改革―各学校単位でその成果の向上を目指すべく、校長の権限強化を図り、教育経営組織内における官僚主義的な管理の強化を促す―の手段として学校評議員を位置づける政策意図がうかがえるということである[25]。学校外部者による法令に基づく学校参加の仕組みであるという側面のみを踏まえるならば、「学校評議員制度」については「外在的・制度的統制」に分類されようが、上述のような制度導入までの経緯からうかがえる政策意図、さらに、実際のところ学校評議員は校長の求めに応じてのみ学校経営に関して意見を述べることができるものである点を考慮すれば、「内在的

　　教育委員会の権限の下で行われるが、市町村教育委員会による内申やその下での校長の意見具申が法制度上認められていることに加え、文部科学省による基準設定など、複数の要素がその運用に影響をもたらしている実態があり、これら個々の要素の影響を考慮するには別途分析が必要と考えられるためである。

25　学校評議員の設置を法制度化した2000年の学校教育法施行規則一部改正では、職員会議を校長の職務の円滑な執行を補助するものとして位置づける旨の規定が新たに盛り込まれたが、こうした近年の学校経営政策の動向について、水本徳明は、「学校におけるミクロ・ポリティクスを抑圧、隠蔽し教職員に防衛的な姿勢を採らせる」ものであると指摘し、「学校内部のコミュニケーションの在り方に対する外部からの規制を強化するケース」においては、「個々の学校における創発的な秩序形成を制約する」と指摘する（水本 2009: 71-72）。

統制」としての性格を併せ持つものとも言える。本研究では、学校評議員の仕組みについては、分析の手続上、ひとまず（制度化されない）保護者等の学校参加と並んで「外在的・非制度的統制」として位置づけた上で、これが実際に民主的な統制手段としてどの程度有効に機能しているのか明らかにするとともに、「内在的統制」に組み込まれる形で制度化されたことによる制約等も含め、その課題を探ることとしたい。

さらに、「外在的・制度的統制」として、首長や議会による統制が挙げられる。ただ、先述のように、教育委員会制度に代表される我が国の戦後教育行政の仕組みの特徴のひとつは、その専門性や政治的中立性の確保を意図して整備されたという点にある。つまり、教育行政が、首長や議会による統制に代表される「外在的・制度的統制」の影響を受けることのないように工夫された仕組みが教育委員会制度であると言える。したがって、本研究においては、「外在的・制度的統制」については直接的な分析の対象とはしない。しかし、2014年の地方教育行政の組織及び運営に関する法律の改正によって、教育行政に対する首長の関与が新たに規定されている。教育行政に対する「外在的・制度的統制」の影響がより強化されていくものと考えられ、その検証は今後の課題となる。

以上の点を踏まえ、本研究では、表2-2に示した統制形態の4類型のうち、「外在的・制度的統制」を除く3つの統制形態に注目することとし、これらが相互補完的に機能することで学校のアカウンタビリティ保障が果たされる過程について実証を試みるとともに、それぞれの形態による統制が相互補完的に機能するための条件と課題について検証する。

第5節　本研究における分析枠組み

次章以降では、筆者が実施した質問紙調査及び国際的な学力調査による定量的データを用い、我が国における公立学校のアカウンタビリティの実態—

具体的には、保護者の学校に対する満足度、あるいは子どもの学力達成をその指標とする—を明らかにし、これを規定するところの教育経営組織における責任・統制構造の課題について分析する。

　分析にあたっては、表2-2に示した教育経営における統制の類型とその方法のうち、第一に、「外在的・非制度的統制」の機能、第二に、「内在的・非制度的統制」の機能と「外在的・非制度的統制」との相互補完の可能性、第三に、「内在的・制度的統制」が「内在的・非制度的統制」にもたらす影響に関し、以下の(1)～(3)の作業仮説について検証を行う。

(1)「外在的・非制度的統制」の機能について

　先述のように、1960年代以降、学校教育に対する不信の高まりを背景として保護者による学校参加の必要性を論じる研究が多く見られるようになり、教育政策においても、保護者等による学校への参加・関与が重視され、2000年代に入ってからは学校参加を促す制度の導入も進められてきた。ただ、こうした政策動向においては、一貫して子ども・保護者等の多様な教育要求の反映という視点が貫かれていたわけではなく、学校の"スリム化"路線の下、直接的で主体的な保護者等の学校参加により、学校－家庭－地域の連携による学校教育活動の展開を期待する形へ変化を遂げてきたものと考えられる。

　こうした中で、「外在的・非制度的統制」、すなわち、直接的で主体的な保護者の関与・参加を通して顕在化される教育要求は、実際に学校の経営や教員らの行動にどのような影響をもたらしているのだろうか。先述のように、保護者が関与し得る教育活動領域や得られる教育情報に限界があるという問題、多様な教育要求を公教育に反映させる手続きや反映させることそれ自体の是非をめぐる問題といったように、学校参加をめぐる多くの課題についていまだ解消が図られていない中で、保護者の学校への関与・参加の影響力が増大されるとき、素人である保護者と専門職としての教員との間に生じる葛

藤を学校がいかに乗り越えるのか、教員の「専門技術性」への期待が高まるところでもあり、その維持・向上の在り方については新たな研究課題として位置づけられよう。

　そこで、まず、保護者等の教育要求が学校に受容されるのは実際にいかなる場合であるのか、また、保護者等の教育要求を反映することによって学校の教育活動の質はどの程度高められているのかという点について、第3章、第4章において検証を試みる。検証のイメージについては図2-1のとおりである。

　第3章において、校長に対して学校経営について意向を述べることができるものとして設置される学校評議員の教育要求に注目する。これが実際に民主的統制の手段としてどの程度機能しているか、学校評議員の教育要求が校長の意思決定にもたらす影響を明らかにするとともに、その機能を規定する要因と課題について検討する。また、第4章においては、学校評議員に限らない一般の保護者の学校経営への関与、保護者と学校・教員間におけるコミュニケーションやサポートの程度が、学校のアカウンタビリティ、すなわち、学校の教育活動における保護者意向の反映のみならず、子どもの学力達成の状況に対し、どのような影響をもたらし得るのかという点について、

図2-1　「外在的・非制度的統制」の機能：保護者等の学校参加が学校アカウンタビリティに与える影響に関する検証イメージ（第3章・第4章）

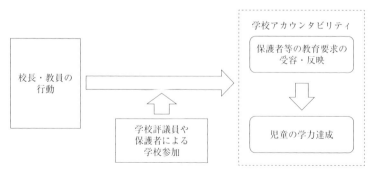

データ分析を通して検証を試みる。

⑵「内在的・非制度的統制」の機能と「外在的・非制度的統制」との相互補完の可能性

　「外在的・非制度的統制」の強化によって、保護者がその教育要求を学校の教育活動に反映させ、それによって子どもの学力達成が図られるなど学校のアカウンタビリティを向上させることに限界や課題があるならば、学校はその限界や課題をいかに乗り越えるのか。教員の「専門技術性」によって多様な教育要求への応答が果たされることを期待するとき、教員の「専門技術性」を支えるとされてきた教員間における情報の共有や教育課題の調整、あるいは教員間における職務上の相互支援といった協働的な取り組み―「内在的・非制度的統制」―は、実際にどの程度機能しているのだろうか。

　「内在的・非制度的統制」が機能している学校ほど、教員の職務に対する意欲や技能が高められ、また、その結果として保護者の学校に対する満足度が高められるとすれば、そして多様な教育要求への応答に加え、子どもの学力達成に寄与するならば、学校のアカウンタビリティ保障にあたり、「内在的・非制度的統制」は「外在的・非制度的統制」の機能を補完し得るものと言えるであろう。

　まず、「内在的・非制度的統制」の機能に関する教員の意識と、保護者の学校に対する満足度との関連性について検討するが、「内在的・非制度的統制」の強化を図ることが保護者の学校に対する満足度を高めることに留まらず、学校教育活動における子どもの学力向上という客観的な成果をも向上させ得るのかという点が問題となる。そこでは、保護者の教育要求と教員の専門的判断の一致が図られていること、さらに、「内在的・非制度的統制」の強化によって各教員の職務に対する意欲や技能の向上が図られることが求められようが、そうした「内在的・非制度的統制」の手段として、具体的に、教員間のいかなる協働的な取り組みが有効に機能し得るのかという点につい

図2-2 「内在的・非制度的統制」の機能：教員間の協働が学校のアカウンタビリティ
　　　に与える影響に関する検証イメージ（第5章・第6章）

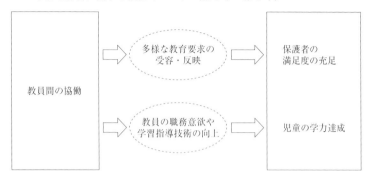

て検証する。

　検証のイメージについては図2-2のとおりである。具体的には、第5章において「教員間の協働」が保護者の満足度を充足し得るか、そして、第6章において「教員間の協働」が児童の学力向上を促進し得るかという点について検証を行う。

⑶　「内在的・制度的統制」が「内在的・非制度的統制」にもたらす影響
　学校のアカウンタビリティ保障—保護者の満足度及び児童の学力達成の向上—に向けて、「内在的・非制度的統制」が有効に機能する場合、その促進条件はいかなるものであるか。

　先述のように、先行研究においても、「教員間の協働」として、経営の変革を指向した専門職共同体や組織的な学習指導といったことが「教員間の協働」の一側面として取り上げられ、学校改善を促す要素として注目されてきたが、こうした「教員間の協働」を促進する条件については、校長のリーダーシップなど学校組織内部の経営過程変数に着目するに留まってきた。つまり、各学校への教員の人事配置や教育委員会による各学校に対する指導助言などの専門的支援が学校組織内部の経営過程や「教員間の協働」にもたら

す影響への注目に欠けているように考えられるということである。校長のリーダーシップや地域特性など「教員間の協働」に影響をもたらすとされてきた非制度的な要素を考慮した上で、「内在的・制度的統制」、すなわち、教員の人事配置や指導助言など教育委員会の各学校に対する支援が「教員間の協働」を促進し、その機能を向上させることが明らかにされるならば、「内在的・制度的統制」の仕組みを「内在的・非制度的統制」の機能を担保するものとして位置づけることができる。学校の自主性・自律性の確立を目指した教育改革動向にあってもなお、教育委員会による学校への専門的関与の在り方について問い直すことが、学校アカウンタビリティの向上に向けた新たな研究上の課題となるということである。この点については第7章においてデータ分析を行うが、検証のイメージについては図2-3のとおりである。

図2-3 「内在的・非制度的統制」の機能：教員間の協働の機能の規定要因に関する検証イメージ（第7章）

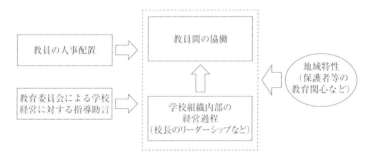

第3章　学校評議員が校長の意思決定にもたらす影響に見る「外在的・非制度的統制」の可能性

　本章では、次章において、「外在的・非制度的統制」としての保護者の関与が学校経営にもたらす影響、すなわち、保護者の多様な教育要求に対する学校・教員の応答の程度やその応答の程度を規定している要因、また、保護者の教育要求への応答が学校の教育活動の結果にもたらす影響といった点について検証を行うのに先駆け、保護者・地域住民より委嘱される学校評議員の意向が、学校経営における校長の判断・決定にもたらす影響やその決定要因について検証を試みる。

　先述のとおり、我が国において2000年に導入された学校評議員制度は、「開かれた学校」づくりを推進する改革の流れの中で、校長の権限強化を前提とした「学校の自主性・自律性」の確立を目指すための制度改革のひとつとして導入されたものであると言える。法制度上の位置づけを踏まえるならば、学校評議員による学校への統制は、ギルバートによる行政統制の4類型における「内在的・制度的統制」のひとつとして捉えることもできようが、前章において述べたとおり、その導入の政策的意図や実質的な機能を考慮し、制度運用の実態や課題について検討するべく「外在的・非制度的統制」の手段のひとつとして位置づけ、その影響力について分析する。

第1節　分析枠組み

　従来の研究において、学校評議員制度の実施に関しては、主に保護者・地域住民参画型の学校運営を促すという視点から、制度の運用状況についての現状把握が試みられ、評価がなされてきた（喜多ほか 2002; 川島・赤星 2004; 日

高 2002, 2004 など)。しかしながら、こうした調査研究は、学校評議員が校長の認識や行動に影響を与えるまでの過程を必ずしも明らかにはしていない[26]。特に、学校評議員制度の運用実態や機能状況については学校間において差異が見られるものと想定され、制度の運用実態や機能状況の詳細、またそれにおける差異がいかなる要因によるものであるのかを追究することは、学校の自主性・自律性の確立を目指した改革のひとつとして、この学校評議員制度が有効に機能し得るかを判断する上で不可欠の作業であるものと考える。

　本章の分析では、筆者が実施した公立小学校校長を対象とした質問紙調査、及び公立中学校校長を対象とした聞き取り調査、学校評議員の会合の傍聴から得られたデータや情報を分析することにより、学校評議員制度（もしくは類似制度、以下同様）の機能状況と、それを規定する要因について検証を行うことを課題とする。

　質問紙調査[27]については、2004年8月に、関東地区（群馬、栃木、茨城、埼玉、東京、千葉、神奈川の1都6県）における公立小学校校長を対象として実施したもので、全5,271名中無作為抽出により1,053名（抽出率20%）を調査対象とし、395名からの回答を得た（回収率37.5%）。本章の分析では、そのうち「学校評議員もしくは類似委員を設置している」と回答した校長354名によるデータを用いる。また、校長に対する聞き取り調査及び学校評議員による会合の傍聴については、関東地区における公立A中学校を対象として実施した。

　まず、第2節では、学校評議員制度に対する校長の評価や、実際の機能状況について概観し、学校評議員制度の機能とこれを規定する要因との関係に

26　なお、貞広（2009）は、学校評議員を対象とした質問紙調査を実施し、評議員自身の学校経営への参画の態様と評議員自身の自己効力感との関連性について分析を行っている。

27　「学校運営における学校と保護者・地域住民との関係についての実態・意識調査」（調査実施責任者：東京大学大学院教育学研究科教育行政学研究室　教授　小川正人、助教授　勝野正章（所属等は調査実施当時））。調査設計及び調査項目の決定、調査票の作成、回答の集計・分析については筆者が担当した。調査票の詳細については資料1を参照されたい。

ついて分析モデルを設定する。続く第3節では、第2節において提示したモデルに従って調査データの分析・解釈を行う。そして第4節では、分析から得られた知見について考察を行う。

第2節　学校評議員制度に対する校長の評価とその機能

　保護者・地域住民に対する応答性の向上と、校長の学校経営における権限の強化を意図した現行の学校評議員制度について、校長はこれをどのように捉えているのだろうか。

　まず、「地域の多様なニーズを尊重し、地域に説明責任を負う学校経営を行うという観点から、現在の学校評議員制度をどのように評価されますか？」という質問に対し、「大変よく機能している」と回答した校長は395名中25名（6.33%）、「まあまあよく機能している」は193名（48.86%）、「どちらとも言えない」は119名（30.13%）、「あまり機能していない」は54名（13.67%）、「まったく機能していない」は2名（0.51%）、無回答2名（0.51%）であった。半数強の校長が地域に対する応答性の向上という観点から学校評議員制度の機能を肯定的に評価しているが、その一方で、1割を超える校長が、その機能に否定的な評価をしていることがわかる。

　また、「現在の学校評議員制度は、今後改善されるとすればどのように改善されてゆくべきであるとお考えですか？」との質問に対しては、「学校評議員（以下「評議員」という。）自身の学校教育内容への理解が乏しい」とする評議員の資質に関わる問題意識や、「学校には人事面や財政面での自律性が担保されていないため地域のニーズを実現できない」との意見もあった。また、「評議員には責任を伴わない発言権限を持たせるべきではない」とする意見が存在する一方で、「評議員にある程度の学校運営権限を持たせることによって学校経営への参画者としての実質的な機能を高めることが出来るのではないか」との意見も見受けられた。学校評議員制度の導入により学校

の地域に対する応答性が向上していると実感する校長は半数程度に留まり、また、応答性の向上を図ることができない点について、校長らは、評議員の学校教育や学校運営に対する理解の欠如や資質能力の不足、あるいは、制度上認められている学校裁量の限界をその原因と見る傾向にあることがうかがえる。

　それでは、実際に、評議員の意向は校長の意思決定に対しどのような影響力を持っているのだろうか。まず、学校運営にあたり校長が評議員の意向を参考にしている程度について把握する。「学校運営にあたり評議員の学校に対する要望や意見をどの程度参考にされていますか。」との質問を行い、①教育目標や課題の設定、②カリキュラムの編成、③生活指導、④教員の配置、⑤学校施設・設備、の５項目に関する決定事項について、それぞれ評議員の要望や意見を「1=まったく参考にしていない」～「5=大変よく参考にしている」の５段階によって回答を得た。回答の分布は表3-1の通りであるが、この集計結果からは、決定事項の内容によって評議員の意向を参考にする程度が異なることが明らかである。例えば、「教育目標や課題の設定」や「生活指導」、「学校施設・設備」に関する決定については、評議員の意向を「やや／大変よく参考にしている」と回答した校長が半数を超えるのに対し、「カリキュラムの編成」に関しては、「あまり／まったく参考にしていない」と回答した校長は４割程度、「やや／大変よく参考にしている」と答えた校長は３割程度であった。また「教員の配置」に関しては、「あまり／まったく参考にしていない」と回答した校長が６割を超える。以上より、「カリキュラムの編成」や「教員の配置」など学校教育活動の根幹を成す領域に関する決定については、評議員の意向は影響力を持ちにくい傾向がうかがえる一方で、「教育目標や課題の設定」や「生活指導」、「学校施設・設備」のように、教育活動の方向づけや学習環境の整備、家庭教育との関わりの深い領域においては、評議員の意向は比較的大きな意義を持つことがわかる。

第3章　学校評議員が校長の意思決定にもたらす影響に見る「外在的・非制度的統制」の可能性　83

表3-1　校長が学校評議員（もしくは類似委員）の意向を参考にする程度

※上段は度数、下段はパーセント

	まったく参考にしていない	あまり参考にしていない	どちらともいえない	やや参考にしている	大変よく参考にしている	有効回答合計
学校の教育目標や課題の設定に関して	14	80	57	164	30	345
	4.0	22.6	16.1	46.3	8.5	97.5
カリキュラムの編成に関して	40	125	75	94	8	342
	11.3	35.3	21.2	26.6	2.3	96.6
生活指導に関して	6	15	45	204	75	345
	1.7	4.2	12.7	57.6	21.2	97.5
教員の配置に関して	138	107	72	17	4	338
	39.0	30.2	20.3	4.8	1.1	95.5
学校施設・設備に関して	22	45	76	165	38	346
	6.2	12.7	21.5	46.6	10.7	97.7

　このように、教員の専門的スキルと大きく関わって、決定事項の内容によって校長が評議員の意向を参考にする程度に差異が生じていることが明らかになったが、評議員の意向が参考にされる程度は、学校間においてもばらつきがみられる。こうした「ばらつき」はなぜ生じるのか。ここではその要因として考えられる2つの点を指摘する。第一に、学校運営において校長がいかに評議員を位置づけるか、すなわち学校評議員制度の運用の在り方、第二に、評議員自身の資質能力や成熟の程度である。

　まず、学校評議員制度の運用の在り方とは、具体的には、評議員のその学校における定着度を含め、構成員の選出状況や、学校教職員や教育委員会に対する評議員の意向の伝達状況を想定する。評議員が長く設置され、学校における定着度が高いほど評議員はその影響力を強めるものと考えられ、また、校長の方針や考え方を支持するような人物が推薦されているのか、それとも一定の基準・方法に基づいて推薦されているのかといった評議員の選出状況によっても、評議員の持つ影響力は異なるであろう。さらに、校長が評議員の意向をその決定に反映し易い環境が整備されることによっても評議員

の持つ影響力は高められるものと考えられる。評議員がいわゆる校長の"諮問機関"として位置づけられるに留まらず、評議員の意向が学校教職員にも伝達され、それを日常的に共有できるような学校運営が行われる、あるいは教育委員会が評議員の意向を把握し、その受容・反映にあたり学校経営を支援するといった条件が整備されている場合には、校長が評議員の意向を参考にする程度は高まるのではないか。

　次に、評議員の資質能力や成熟の程度に関しては、ここでは、選出された評議員に元より備わる資質能力だけではなく、評議員としての活動を通じて培われる能力に着目したい。ただ、評議員らの資質能力それ自体を計測することは非常に困難である。これに関して、先述のように、山下（2002）は、シカゴにおける学校評議会の事例に即し、多様な社会的背景や見解を持つ人々が、互いに協同して公共的事柄に取り組むことを「公的討議」と呼び、その成立には評議員らの「公共的スキル」が必要であると指摘するが、その「公共的スキル」については、評議員らが「異質な他者」と協同する経験を提供されることによってその発達の機会が与えられるものとの見解を示している（山下 2002: 168）。この「公共的スキル」の概念は、近年、政治参加や社会参加の促進要因として注目される「社会資本」の概念に類似するものでもある。Putnam（1993）に従えば、組織内の合意形成や意見交換の場における対立や葛藤を経て、組織構成員間の連帯や信頼関係が強化され、その結果、構成員個々の資質能力が高められ組織パフォーマンスの向上が図られる、というものである。こうした先行研究上の知見に基づくと、評議員らの資質能力は、結果的に評議員らによる会合の態様に反映される一方で、評議員としての活動、特に会合における対話を通じて培われるものでもあると考えられる。評議員の資質能力やその成熟の程度を測る尺度として「会合の実態」を捉えるならば、これにおける相違が、先述の「学校評議員制度の運用の在り方」に並び、「校長が評議員の意向を参考にする程度」にばらつきをもたらしているものと想定される。

以上を踏まえると、学校評議員制度の機能状況とそれを規定する要因との関係については図3-1のようにまとめることができる。次節ではこの図3-1に示すモデルの妥当性について検証を行うが、分析にあたり以下のように変数を設定する。

まず被説明変数については、学校評議員制度の機能状況を測る尺度として、表3-1に示した学校運営における5つの決定事項に関して、校長が評議員の意向をどの程度参考にしているかについて得られた回答(「1＝まったく参考にしていない」～「5＝大変よく参考にしている」の5値の順序変数)を用いる。

次に、説明変数については、まず、学校評議員制度の運用の在り方に関するものとして、①学校評議員の設置年数[28]、②評議員の構成(「構成人数」、「構成員に占める保護者の割合」、「構成員に占める自治体関係者の割合」、「構成員に占める児童の割合」、「構成員に占める学識経験者の割合」)、③評議員の意向の教職員に対する伝達状況(評議員の要望や意見、批判等を学校内の教職員に伝達しているかについて「1＝まったくしていない」～「5＝大変よくしている」の5値の順序変数)、④評議員の意向の教育委員会に対する伝達状況(評議員の要望や意見、批判等を教育委員会に伝達しているかについて「1＝まったくしていない」～「5＝大変よくしている」の5値の順序変数)、次に、評議員の資質能力や成熟の程度について、⑤学校評議員による会合の実態[29]に関する変数を設定する。なお、以上の変数の他に、地域属性に関する変数として「人口密度」、「人口1人あた

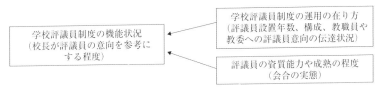

図3-1 学校評議員制度の機能状況とその規定要因に関する分析モデル

---

28 学校における学校評議員(制度)の定着度を測る尺度とする。
29 会合の実態に関しては、以下の(a)～(e)の5つの内容について「1＝まったく当てはまらな

りの所得」、また校長の属性や学校運営に対する価値観等に関する変数として「校長職における在職年数」、「赴任校における勤務年数」、「校長の地域参加の状況[30]」、「保護者・地域住民の意向を反映させることに対する認識[31]」、そして学校の属性に関わる変数として「学校規模（全校児童数）」、「学校と地域との連携による教育活動の実施状況[32]」、「教職員組合組織率」についての変数を投入し、統制を行うものとする。これらの変数の記述統計量については表3-2を参照されたい。

第3節　学校評議員制度の機能を規定する要因

被説明変数の決定要因として複数の要因が考えられる場合、個々の要因の影響の大きさについて統計的に検証するにはその他の要因の影響をコントロールする必要があるため、回帰分析を試みる。ただ、ここでの被説明変数は、連続的な値ではなく離散的な値（順序変数）となっており、通常の最小

い」～「5＝大変よく当てはまる」の5段階によって得られた回答をその変数とする。5つの内容とは、「(a)評議員から様々な意見や要望が出され、まとまらないことが多い。」、「(b)教職員と評議員との間で、意見や要望が異なることが多い。」、「(c)会合のテーマは、学校側の意向や課題より、評議員の意向や課題を尊重して設定している。」、「(d)学校教育活動の内容に関して学校側の説明や対応に、評議員は納得し、満足している。」、「(e)評議員による発言は、教育活動の内容について学校側の説明を求めるものよりも、学校側に要望や意見を述べるものの方が多い。」というものである。

30　学校を取り巻く地域社会に対する校長の認識を測る指標として設定した。地域活動に「0＝参加していない」、「1＝年1～3回程度参加」、「2＝年4～6回程度参加」、「3＝年7～9回程度参加」、「4＝年10回以上参加」の5値の順序変数。

31　学校運営に対する校長の価値観を測る指標として設定した。今後の学校運営において保護者・地域住民の意向をどの程度反映させていきたいか、との質問に対し、①教育目標や課題の設定、②カリキュラムの編成、③生活指導、④教員の配置、⑤学校施設・設備、の5項目に関してそれぞれ「1＝まったく反映させたくない」～「5＝大いに反映させていきたい」の5値の順序変数によって得られた回答による。

32　学校と地域間における日常的な連携・協働関係が構築されているほど、地域の学校教育に対する理解が深められているものと考えられる。学校と地域との連携による教育活動の実施状況は、(a)防犯活動、(b)学校と社会教育施設との連携による教育活動、(c)学校と町内会・子ども会との連携による行事、(d)ボランティア活動の推進、の4つの活動についてそれぞれ「1＝実施している」、「0＝実施していない」のいずれかの回答を得た上で、これらの合計値を変数として用いている。

第3章　学校評議員が校長の意思決定にもたらす影響に見る「外在的・非制度的統制」の可能性　　87

表3-2　記述統計量

	最小値	最大値	平均値	標準偏差
学校評議員設置年数	1	9	3.344	1.260
学校評議員の構成人数	1	36	6.594	4.224
学校評議員に占める保護者の割合	0	100	17.494	15.830
学校評議員に占める自治会関係者の割合	0	100	21.934	19.291
学校評議員に占める児童の割合	0	100	1.028	7.289
学校評議員に占める学識経験者の割合	0	100	16.060	20.654
学校評議員の意向の学校教職員への伝達	1	5	4.355	0.762
学校評議員の意向の教育委員会への伝達	1	5	3.624	1.281
評議員の会合の様子a（評議員の意見がまとまらない）	1	5	1.600	0.745
評議員の会合の様子b（教職員と評議員の意見が異なる）	1	5	1.898	0.779
評議員の会合の様子c（テーマには評議員の意向を尊重）	1	5	2.333	1.194
評議員の会合の様子d（評議員は学校の説明に納得）	1	5	4.357	0.672
評議員の会合の様子e（評議員の意見表出が多い）	1	5	2.474	0.950
人口密度	60.628	19854.137	4809.216	4888.523
人口一人当たりの所得（千円）	818	4153	1550.633	429.272
校長職における在職年数	1	14	5.284	3.339
校長の現在の赴任校における勤務年数	1	6	2.270	1.223
校長の地域参加	0	4	2.774	1.152
保護者・住民の意向を反映させることに対する認識（教育目標）	2	5	4.066	0.720
保護者・住民の意向を反映させることに対する認識（カリキュラム）	1	5	3.674	0.812
保護者・住民の意向を反映させることに対する認識（生活指導）	2	5	4.138	0.689
保護者・住民の意向を反映させることに対する認識（教員配置）	1	5	2.940	1.046
保護者・住民の意向を反映させることに対する認識（学校設備）	1	5	3.911	0.740
学校規模	11	1363	390.682	230.696
学校と地域との連携による教育活動の実施	0	4	2.545	1.218
教員組合組織率	0	76	33.010	21.980

２乗法による推計を行うことができないため、被説明変数がある値をとる確率について関数を用いて表現した計量モデルである「順序プロビット・モデル」を用いた推計を行うこととする（Long1999: ch5）。分析の結果は表3-3のとおりである。

(1)学校評議員制度の運用の在り方に関して

　第一に、評議員の設置年数について。評議員が設置され、その学校に定着するまでには時間を要するものと予想されたが、分析の結果からは、評議員が長く設置されている学校ほど、校長は評議員の意向を参考にしていない傾向がうかがえ、特に「教員の配置」に関しては統計的に有意な影響力を持つことがわかる。これは、再任こそあれ評議員には任期が設けられており、評議員自身が自らの役割を理解し十分に活動できるまでの時間的余裕がないこと、また、赴任校における校長の勤務年数についても一校あたり平均２～３年程度であることから、校長は赴任した学校の地域環境を理解し保護者・地域住民、評議員との交流をはかる時間を十分に持てず、評議員制度を十分に活用できないうちに転任となるケースも多い、といった事情による結果とも考えられる。市区町村レベルで導入・実施の在り方が決定される学校評議員制度は、都道府県レベルで実施される校長の人事配置との整合性を欠くものとも言えるだろう。

　第二に、評議員の構成について。まず構成人数に関しては統計的に有意な影響力は観察されない。しかし、評議員に占める保護者や児童[33]、学識経験者の割合については、学校運営における決定事項の内容により、それぞれに異なった影響を持つことがわかる。構成員に占める特定の属性を有するアクターの割合が高いということは、そのアクターの意向がより表出され易い環境にあるものと想定できる。分析結果によれば、具体的には、「カリキュラ

33　学校教育法施行規則に定められる「学校評議員」には「児童」は含まれない。

ムの編成」においては構成員に占める学識経験者の割合が多いほど、また、「学校の施設・設備」に関しては構成員に占める児童の割合が多いほど、評議員の意向が参考にされる傾向にあるが、「教員の配置」に関しては、構成員に占める保護者の割合が多いほど、評議員の意向が参考にされにくいという傾向が観察された。「カリキュラム編成」といった教員の専門的スキルに深く関わる決定にあたり、学識経験者の意向は学校の教職員にとって有意義なものとして捉えられているということであり、学校が教職員の視点とは異なる意見や意向を求める傾向にあることもうかがえる[34]。また、「学校施設・設備」に関しても、実際にこれを日常的に利用している児童の要望は説得力を持って受け入れられるものと考えられる。ただ、「教員の配置」など、保護者の関心のより高い事柄に関して、評議員に占める保護者の割合が高いほど、評議員の意向が参考にされにくいという分析結果については、学校に我が子を通わせる保護者の意向がより説得力を持つのではないかという予想に反するものであった。保護者の意向はとかく私的感情に左右され易い側面を持つものでもあるが、「教員の配置」という、教員−子ども間の関係性や教員間の関係性など複合的な要素を孕む公的な決定に際し、保護者側の要求が結果的にそれほどの影響力を持ち得ないことについては一定の理解もできる。

　第三に、教職員または教育委員会に対する評議員の意向の伝達状況について。特に「生活指導」に関する決定においては、評議員の意向が教職員に伝達されることによる影響力は強く、確率関数の変動を推計[35]した結果、評議員の意向を教職員に「まったく伝達していない」学校では、校長が評議員の

34　この点に関しては、評議員による授業参観や授業評価を実施している学校もあり、授業評価の方法の確立は今後の課題とされるものの、専門家を含む学校の外部者に授業を公開しその意見を受け入れることが、教員の授業に対する意識を喚起し高めるものとなる、またそのように外部に開かれた授業づくりに臨む学校の姿勢に、保護者からも納得の声を得ることができる、とそのプロセスを評価する校長もある（公立Ａ中学校校長に対する聞き取り調査による）。

35　該当変数以外の変数をすべて平均値に固定した上で、該当変数の値の変化によってその影響力にどの程度の変化が生じるか、すなわち、特定の当該変数の値の下で、被説明変数が各カテゴリーの値をとる確率を計算したものである。

表3-3　校長が学校評議員の意向を参考にする程

	教育目標や課題の設定		カリキュラムの編成	
	B	標準誤差	B	標準誤差
［閾値 =1］	3.108	0.855	3.342	0.830
［閾値 =2］	4.490	0.869	4.641	0.845
［閾値 =3］	4.970	0.875	5.259	0.853
［閾値 =4］	6.924	0.910	7.028	0.894
学校評議員設置年数	−0.010	0.064	−0.081	0.062
学校評議員の構成人数	−0.025	0.016	0.025	0.016
学校評議員に占める保護者の割合	0.002	0.004	0.000	0.004
学校評議員に占める自治会関係者の割合	−0.005	0.004	0.000	0.004
学校評議員に占める児童の割合	−0.014	0.010	−0.006	0.010
学校評議員に占める学識経験者の割合	0.002	0.004	0.007**	0.004
学校評議員の意向の学校教職員への伝達	0.103	0.098	0.093	0.098
学校評議員の意向の教育委員会への伝達	0.023	0.057	0.068	0.057
評議員の会合の実態 a（評議員の意見がまとまらない）	0.077	0.111	0.179	0.109
評議員の会合の実態 b（教職員と評議員の意見が異なる）	0.016	0.116	0.062	0.113
評議員の会合の実態 c（テーマには評議員の意向を尊重）	−0.024	0.061	−0.038	0.060
評議員の会合の実態 d（評議員は学校の説明に納得）	0.293***	0.112	0.281**	0.110
評議員の会合の実態 e（評議員の意見表出が多い）	0.074	0.078	0.042	0.076
人口密度×1/100	0.006***	0.002	0.006***	0.002
人口一人当たりの所得（10万円）	−0.025	0.025	0.000	0.022
校長職における在職年数	0.023	0.023	0.030	0.022
校長の現在の赴任校における勤務年数	−0.045	0.059	−0.011	0.058
校長の地域参加	0.000	0.065	−0.035	0.064
保護者・住民の意向を反映させることに対する認識	0.695***	0.105	0.490***	0.094
学校規模×1/100	0.064*	0.034	0.025	0.033
学校と地域との連携による教育活動の実施	0.047	0.063	0.033	0.063
教員組合組織率	0.007**	0.003	0.001	0.003
N	276		273	
−2 対数尤度	630.456		683.926	
カイ 2 乗（有意確率）	90.709（.000）		80.021（.000）	
疑似決定係数	0.302		0.271	

度を規定する要因（順序プロビット分析の結果）

生活指導		教員の配置		学校施設・設備	
B	標準誤差	B	標準誤差	B	標準誤差
2.722	0.871	1.342	0.865	0.871	0.839
3.487	0.865	2.333	0.871	1.521	0.839
4.286	0.872	3.347	0.881	2.301	0.843
6.148	0.903	4.081	0.901	4.012	0.860
−0.063	0.064	−0.165**	0.068	−0.139	0.063
−0.008	0.017	0.013	0.017	0.005	0.017
−0.004	0.004	−0.011**	0.005	0.000	0.004
−0.004	0.004	0.004	0.004	0.004	0.004
0.005	0.010	−0.012	0.019	0.037**	0.016
0.001	0.004	0.004	0.004	0.005	0.004
0.330***	0.099	−0.023	0.099	0.099	0.094
−0.027	0.058	0.088	0.060	0.159***	0.056
0.188**	0.114	0.182	0.111	0.034	0.109
0.037	0.117	0.127	0.121	0.001	0.113
−0.008	0.062	−0.112*	0.065	0.010	0.058
0.393***	0.114	0.133	0.117	−0.109	0.111
0.054	0.078	0.022	0.081	−0.051	0.076
0.002	0.002	0.007***	0.002	0.004**	0.002
0.020	0.023	−0.040	0.028	−0.037	0.025
0.007	0.023	0.009	0.024	−0.022	0.023
−0.044	0.060	−0.048	0.061	0.131**	0.059
−0.052	0.067	−0.045	0.067	−0.076	0.063
0.410***	0.109	0.385***	0.074	0.478***	0.092
0.002	0.034	−0.005	0.035	0.049	0.034
0.068	0.063	0.076	0.065	0.199***	0.062
0.000	0.003	0.003	0.004	0.005	0.003
278		270		277	
562.880		607.124		677.939	
57.936 (.000)		66.502 (.000)		76.377 (.000)	
0.211		0.238		0.258	

$^*p<0.1$ $^{**}p<0.05$ $^{***}p<0.01$

意向を「大変参考にしている」と回答する確率は2.2%であったのに対し、評議員意向を教職員に「大変よく伝達している」学校では24.4%にのぼることがわかった。日常の教育活動において、児童の指導に直接的に関与するのは、主に担任をはじめとした教職員であり、個々の教職員の指導方法に直接関わる事柄の決定にあたっては、学校評議員制度が校長の私的な"諮問機関"というより、校長を窓口とし、教職員らが学校外部の教育意向を吸収する機会のひとつとして運用される場合に、評議員の意向はより影響力を持ち得るということがわかる。

　また、評議員の意向の教育委員会への伝達状況に関しては、「生活指導」に関する場合を除いては、教育委員会への伝達を行う学校ほど評議員の意向が参考にされる傾向がうかがえる。特に「学校施設・設備」に関してその傾向が強く、確率計算の結果、評議員の意向を教育委員会に「まったく伝達していない」学校では、校長が評議員の意向を「大変参考にしている」と回答する確率は3.3%であったのに対し、評議員の意向を教育委員会に「大変よく伝達している」学校では11.4%であった。自律的な学校経営を目指す動向にあるとは言え、実際には学校裁量に任される具体的な決定事項はごく限られており、評議員の意向についてもこれが参考にされるか否かは、特に「学校施設・設備」に関しては、校長自身の学校運営に関する技量のみによって決まるものではない。調査の結果より、各学校に対し、学校評議員の会議録の提出等、学校評議員制度の運用実態についての報告を求める教育委員会も複数存在することが明らかとなった。無論、その是非については検討の余地もあるが、評議員の意向を実現できるような学校支援のための教育行政上の体制が整備されているかどうかによって、学校評議員制度の機能が左右される面もあるということではないかと考えられる。

⑵会合の実態―評議員の資質能力や成熟の程度―に関して

　先述の評議員の会合の実態に関する5つの指標のうち、「⒜評議員から

様々な意見や要望が出され、まとまらないことが多い。」という項目については、会合の場における意見や価値観の対立、葛藤の有無を尋ねることを目的としている。分析の結果からは、評議員の意向がまとまらないとする校長ほど評議員の意向を参考にしている傾向がうかがえ、特に「生活指導」、そして「カリキュラム編成」や「教員配置」に関する場合には、その影響力は統計的に有意なものとなっている。確率関数の変動を推計すると、具体的には、「生活指導」に関して校長が評議員の意向を「大変参考にしている」と回答する確率は、「評議員の意向がまとまらない」という状況が「大変よく当てはまる」とする校長については39.4%、「まったく当てはまらない」とする校長については15.4%であった。多様な意見が表出され、まとまらないことが多いというのは、そこでは活発な意見交換や議論が展開されていることを意味する。対立や葛藤をも含んだ議論を経験することにより、評議員らはそれぞれが再考を促され、評議員らの間で合意形成に向けた対話が志向されるようになるというのは、実際に複数の学校における評議員の会合に傍聴参加した中でも感じられたことである[36]。こうした過程は、まさに山下（2002）の述べるところの「公共的スキル」の形成過程と言える。この点を踏まえれば、以上の分析結果は、評議員の資質能力やその成熟の程度の高まりが、校長によって評議員の意向が参考にされる程度、すなわち学校評議員制度の機能の向上に寄与していることを示すものと解釈できよう。

　また、「(d) 学校教育活動の内容に関して学校側の説明や対応に、評議員は納得し、満足している。」という項目については、そのように感じている

36　公立A中学校の学校評議員の会合を傍聴した際、特に「生活指導」の在り方に関して、評議員らの中でも個々の評議員が置かれる立場による意向の相違が顕著となった。生活指導といってもその内容は多様であるが、特に学校内の規則や規律に関する点では、保護者の意向はより日常的で個人的な課題意識に基づく柔軟なものであったのに対し、地域住民は、学校の規律に対し規範的でより保守的な見解を持っている様子が見受けられた。そうした地域住民の見解は学校側の公的な見解とも一致し易いという実態も見受けられる一方で、保護者から表出される意向が契機となって、校長や教職員と評議員らとの間で活発な議論が展開される場面も観察されたことは、民主的統制の視点からすると非常に意義深い。

校長ほど評議員の意向を参考にしている様子がうかがえ、これは「教育目標の設定」や「カリキュラム編成」、「生活指導」に関する決定において強く観察される傾向である。この（d）の状況は会合における評議員らの態度や対応に、校長自身も納得していることを示すものであり、学校側と評議員側との調和的な関係性が、結果的に評議員の影響力を高めているものと解釈できる。他方で、「（c）会合のテーマは、学校側の意向や課題より、評議員の意向や課題を尊重して設定している。」という項目については、「学校施設・設備」に関する場合を除き、そのように感じている校長ほど評議員の意向を参考にしていない傾向が観察される。特に「教員の配置」にかかる影響力は統計的に有意であり、こうした分析結果からは、「教員の配置」という問題が評議員らにとって大きな関心事である一方で、これに関して評議員に意見を求める学校側の意思は極めて弱いものであることが読み取れる。なお「（b）教職員と評議員の間で意見や要望が異なることが多い」、「（e）評議員による発言は、教育活動の内容について学校側の説明を求めるものよりも、学校側に要望や意見を述べるものの方が多い」といった項目については、会合がそうした状況にあることが、校長の意思決定の在り方に対し統計的に有意な影響を与える様子は観察されなかった。

第4節　小括

　以上の分析から得られた知見についてまとめると、次のような点を指摘できる。

　まず、学校運営における事項ごとに学校評議員制度の機能状況を分析すると、校長により評議員の意向が参考にされる程度、すなわち学校評議員制度の機能状況は、学校運営における決定事項の内容や性格によって異なり、教職員の専門的スキルに深く関わる領域におけるほど、評議員の意向が参考にされにくいという実態があることが明らかとなった。

さらに、学校評議員制度の機能を規定している要因に関しては、制度の運用の在り方や、評議員の資質能力の在り方によって制度の機能状況にばらつきが生じることが確認された。具体的には、学校施設・設備のように教育条件の整備面に関することなど学校の裁量だけでは対応できない事柄については、評議員の意向の教育委員会への伝達を促すなど、個々の学校の多様性を支える教育委員会の役割が担保されることにより、結果として評議員の意向はより大きな影響力を持ち得る。また、カリキュラムの編成や生活指導の在り方、教員の配置といったように教員の専門的スキルに深く根ざした事柄に際しては、校長-教員間において評議員の意向について伝達・共有することに加え、会合の実態、すなわち評議員らの活発な議論や、対立や葛藤を経た結果としての評議員自身の成熟の程度によって、学校評議員制度の機能状況が左右されるということである。

学校教育活動の中でも教職員の"専門的スキル"に深く関わると学校側によって認識されている領域・事柄において、評議員の意向が参考にされにくい実態があることが明らかとなったが、学校・教員の「専門性」に基づく教育活動に対して"素人"である評議員がいかに関与することができるかが、学校に対する民主的統制を有効に機能させる上での課題となることが再確認されたものと言える。他方で、学校評議員制度の運用にあたっては、校長が評議員の意向を参考にする程度が高まることによって、評議員をはじめ教育を受ける側が便益を得るだけでなく、評議員の自らの活動に対する「効力感」が高まり、「負担感」が低められ、それによって、より積極的な学校運営への参加が促されるという可能性も指摘できる。評議員に代表される外部要求を反映できる体制が学校側において整備されることが、評議員の積極的な参加と成熟を促すのであり、その意向を学校が受容することにつながるという点で重要であると言える。

しかし、先にも触れたが、広田照幸は、聡明な判断ができる成熟した市民が一定の割合に達していないような条件の下では、学校参加のシステムの成

功は望めないとしている。つまり、「学校の在り方に肯定的なものが代表として選ばれやすかったり、意思表明の機会が与えられやすかったりする事態」においては「強者・多数者の専制」が起こり得るといった危惧から、学校成果を高めるものとして学校参加を捉えることには懐疑的な立場をとるものであるが、「参加の実践を通じた市民の成熟」という可能性に関しても、「システムが成功するための条件を達成目標にしたシステムでは、その作動時には条件はまだ達成されていないから、システムは成功しない」（広田2004: 66-67）と否定的に捉える。

　我が国における学校評議員制度において、校長の裁量拡大の文脈にあって校長の方針に肯定的な者を評議員として選出することが大いに認められ得る状況にある。それは、従来、政治学や行政学分野での審議会研究（片岡 1985など）においてもしばしば指摘されてきたような、校長の学校経営方針に“お墨付き”を与えるといった機能が評議員に期待されるということでもある。それでも、実態としては、「充て職」が横行するなどその人材の確保に苦心する学校は多く、また、校長の一校あたりの在任期間が平均 2 ～ 3 年程度と短いために地域の事情に疎い場合も多い中で、評議員選出は、PTA 役員等による地域人材の紹介に依存せざるを得ないといった現状もあるという[37]。こうした点を考慮すれば、広田のいう「強者・多数者の専制」が生じる可能性が高いとは必ずしも断定できないだろう。そして、本章における分析結果から明らかとなった、評議員がその会合での議論等を通してその学校参加能力を高め、教員の“専門的スキル”に深く関わる事柄においてもその意向の反映を促す可能性を踏まえると、長期的には民主的統制の有効性を高めるひとつの手段となり得るものと言えるかもしれない。しかしながら、評議員の会合において、評議員に何をどのように説明し、また、どのような議論を求めるかは、校長次第なのである。

37　公立 A 中学校校長に対する聞き取り調査による。

保護者等の外部者による学校への関与あるいは学校による多様な教育要求への応答を促す手段としての性格を持つ学校評議員制度については、結果的には、校長の意向や制度運用の方法によってその機能が大きく左右される可能性がうかがえ、やはり、学校組織における「内在的・制度的統制」を強化する手段としての性格を併せ持つことでしか機能し得ないという面があることを否定できない。

それでは、学校評議員ではない、一般の保護者等の学校への関与は、教員の"専門的スキル"に深く関わる領域を含め、いかに有効に機能し得るのだろうか。校長の推薦に基づいて委嘱される学校評議員と異なり、校長・学校側の意向との葛藤・対立がより大きなものとなる可能性は大いにあるが、「外在的・非制度的」な統制手段としての保護者等の学校への参加・関与は、教員の「専門性」における閉鎖性を解消し、その教育活動における「民主性」を高めることによって、学校の成果の向上に寄与しているのだろうか。次章以降において検証を行いたい。

第4章 「外在的・非制度的統制」の機能
—保護者の教育要求の受容・反映と子どもの学力達成—

　前章では、学校評議員が校長の意思決定に与える影響について検証を行った。学校評議員の意向を校長が参考にする程度は、学校経営上の決定事項の内容によって異なり、教員の"専門的スキル"に深く関わる事柄については、その意向の参考程度は低く留まる。さらに、学校評議員の意向が学校経営にもたらす影響力は、選出される評議員の属性や、会合において評議員に意見が求められる内容などに左右され、校長による制度運用の在り方次第という部分が少なくない。その点ではやはり、学校評議員制度は、外在的な統制手段の制度化というよりも、「内在的・制度的統制」の手段のひとつとして組み込まれることによってはじめて機能し得る性格が強いものと言わざるを得ないだろう。

　それでは、学校評議員ではない、一般の保護者等による学校への関与は、学校経営にどのような影響をもたらし得るのか。本章では、保護者による学校参加のもたらす影響力に注目し、「外在的・非制度的統制」の機能について検証を試みる。

　具体的に検証を行うのは次の2点である。

　第一に、学校に対して保護者からの教育要求はどの程度寄せられているのか、あるいは、学校は保護者の教育要求に応答するためにどのような経営的努力を行っているか、という点である。

　前章における分析により明らかとなった学校評議員の影響力と同様に、一般保護者の教育要求についても、実際の学校参加行動を通して成熟が図られ、学校の意思決定に対してより大きな影響を持つようになるものと推測される。しかし、校長の求めに応じて意見を述べる学校評議員と異なり、保護

者が学校経営に参加し、教育要求を伝える手段は、校長を"窓口"にする以外にも多くある。行政参加の視点から、福元健太郎は、行政による公共財の提供にあたって、市民的関与が便益（満足感）を高めたり、あるいは費用（負担感）を低めたりするからこそ、市民は行政への参加を行うと、合理的選択理論に基づき指摘するが（福元 2002）、保護者による学校参加もこれと同様に、参加行動を通して表出された教育要求を学校側が受け入れることそれ自体が、保護者による学校参加行動への動機づけにもなり得る。学校全体として保護者との間においてどの程度のコミュニケーションが図られ、また、保護者の教育要求が教員集団の間でどの程度共有され、学校がそれらに組織として応答する体制がどの程度整備されているのか、といった条件が、保護者による学校参加を手段とした「外在的・非制度的統制」の機能を規定するものと考えられるのである。

　第二に、教員が子ども・保護者の多様な教育要求への応答に努めること、すなわち学校教育における「民主性」の向上に努めることが、教員の「専門性」の向上に寄与しているか、という点である。

　言うまでもないが、子ども・保護者の多様な教育要求に適切に応答することは、教員の「専門性」に期待される技能である。つまり、子ども・保護者の多様な教育要求を受容し、これに応答できる教員の専門的な技能がなければ、学校のアカウンタビリティは向上し得ないということである。保護者の学校参加行動を通して多様な教育要求が学校側に伝達されることが、教員組織の閉鎖性を解消し、教員の専門的な技能を向上させるのでなければ、「外在的・非制度的統制」が有効に機能するとは言えないだろう。

　まず、第1節では、主に、学校が保護者による学校参加を促進するためにどのような組織経営的な努力を行っているかという点に注目し、これが子どもの学力達成に与える影響について、TIMSS2011のデータを用いて考察を行う。続いて、第2節では、子どもの学力達成について、「基礎的・基本的な学習内容の定着」と「発展的な学習内容の習得」に区別して捉え、これら

第4章 「外在的・非制度的統制」の機能　101

に対して学校-保護者間の関係性がもたらす影響について、筆者が実施した公立小学校の校長を対象とした質問紙調査によるデータ分析を通して検証する。また、第3節では、補論として、保護者による学校評価に着目する。保護者が行う学校の教育活動に対する評価の結果は、学校側によってどの程度受容されているのか、学校評価結果の活用状況にかかる質問紙調査データを概観する。そして、第4節では、本章の総括として、「外在的・非制度的統制」の機能とその課題について考察を行う。

第1節　保護者による学校参加の促進と TIMSS2011の結果

　本節では、学校が保護者による学校参加を促進するために、どのような組織経営的の努力を行っているかという点に注目し、これが子どもの学力達成に与える影響について考察を行うこととする。

　使用するデータは、TIMSS2011における我が国の小学校第4学年の学校調査及び児童調査によるデータ[38]である。

　子どもの学力達成の指標として、TIMSS2011における我が国の小学校第4学年児童の算数の成績を用い[39]、これを被説明変数とした線形回帰分析を行う[40]。

　説明変数として注目したいのは、児童が通学する学校における、保護者の

38　TIMSS2011のデータは、International Database として IEA ホームページにて公表されている。(URL：http://timss.bc.edu/timss2011/international-database.html) ここでは、そのうち日本の小学校第4学年の児童にかかるデータのみを使用している。

39　TIMSS2011の得点は、TIMSS1995の得点と調整した上で、得点を平均500点、標準偏差100点とする分布モデルの推定値として算出して示したものとされている。本分析では、第4学年児童の算数の得点について、5つの値によって示されている Plausible Value の平均値を用いることとする。

40　川口 (2009) は日本の「学校の効果 (School Effects)」を把握することを目的とした定量的分析の実施にあたり、「学業達成」(＝基礎的な学習内容を扱う到達度テストの点数) を「学校の効果」の指標としているが、これに対する「学校以外の影響」を可能な限り分離して検討する手法を用いることが不可欠であるとし、その指標として社会的・経済的属性及び家庭の文化的環境に関する変数を用いている。

学校参加を促し、その教育要求を受容・反映するための学校側の取り組みである。

　まず、保護者の学校参加の程度に関しては、学校−保護者間での情報のやりとりや連携体制などの在り方が大きく影響するものと考えられる。また、学校が受容した保護者の教育要求を、実際にその教育活動に反映することに関しては、保護者の多様な教育要求について教員間で調整し共有する体制の在り方がこれを左右するものと思われる。そこで、第一に、学校での児童の学習状況や学校生活に関する情報を保護者側にどの程度説明しているか、第二に、保護者に学校教育への協力をどの程度要請しているか、第三に、保護者側の教育要求を学校の教員間でどの程度調整・共有しているか、といった点に関する質問に注目し、これに対する校長の回答をその尺度とする。校長に対する具体的な質問項目は次のとおりである。

① 　学校による保護者への説明
・「あなたの学校では児童の学習の進捗について親にどのくらいの頻度で説明をしていますか。」(「1 ＝まったくしない」、「2 ＝年に1 回程度する」、「3 ＝年に2 〜3 回する」、「4 ＝年に3 回以上する」の4 段階による回答)
・「あなたの学校では児童の学校での生活態度について親にどのくらいの頻度で説明をしていますか。」(「1 ＝まったくしない」、「2 ＝年に1 回程度する」、「3 ＝年に2 〜3 回する」、「4 ＝年に3 回以上する」の4 段階による回答)
② 　保護者に対する学校教育への協力要請
・「あなたの学校では、個々の保護者が児童の学校での学習を手助けできるよう、保護者へのサポートをどのくらいの頻度で行っていますか。」(「1 ＝まったくしない」、「2 ＝年に1 回程度する」、「3 ＝年に2 〜3 回する」、「4 ＝年に3 回以上する」の4 段階による回答)
・「あなたの学校では、保護者に対し、学校行事や遠足などの実施を手伝うボランティアをどのくらいの頻度で要請していますか。」(「1 ＝まったくし

第4章 「外在的・非制度的統制」の機能　103

ない」、「2＝年に1回程度する」、「3＝年に2～3回する」、「4＝年に3回以上す
る」の4段階による回答）

③ 保護者の教育要求の共有

・「あなたの学校では、児童の学習に対する保護者の関心や要求について、
　教員間でどのくらいの頻度で話し合いをしていますか。」（「1＝まったくし
　ない」、「2＝年に1回程度する」、「3＝年に2～3回する」、「4＝年に3回以上す
　る」の4段階による回答）

・「あなたの学校では、学校組織経営に対する保護者の関心や要求につい
　て、教員間でどのくらいの頻度で話し合いをしていますか。」（「1＝まった
　くしない」、「2＝年に1回程度する」、「3＝年に2～3回する」、「4＝年に3回以
　上する」の4段階による回答）

　さらに、上記の説明変数のほかに児童の成績に影響をもたらしていると考
えられる事項として、児童の家庭の経済的属性及び学校の置かれる環境や教
員らの職務遂行能力が挙げられる。書籍やコンピューター、学習机など児童
の学習を促進することにつながるような環境が家庭内に整備されているかど
うかが児童の学力にもたらす影響は大きいものと考えられ、また、学校にお
ける教員らの指導能力が高く、また、教員にとって教育実践を行い易い環境
（学校の児童数や地理的条件）を備える学校ほど、児童の学力向上が促進されて
いるものと考えられるということである。保護者-学校間の関係性が児童の
学力にもたらす影響の大きさを推計するのであれば、それらの影響を統制し
た上で分析する必要がある。

　そこで、分析にあたっては、次の項目に対する学校長および児童の回答を
統制変数として投入する。

〈児童の家庭における経済的事情にかかる変数〉

　・次のものが自宅にあるかどうか（「0＝いいえ」、「1＝はい」による児童の

回答）

・コンピューター

・児童が使う学習机

・教科書以外の児童の本

・児童の部屋

〈学校・教員に関する変数〉

・学校規模（全校児童数）

・「あなたの学校における教員の職務遂行度についてどのように評価しますか？」（「1＝とても高い」、「2＝高い」、「3＝普通」、「4＝低い」、「5＝とても低い」の5段階による校長の回答）

・「あなたの学校における教員の教育課程上の目標に対する理解についてどのように評価しますか？」（「1＝とても高い」、「2＝高い」、「3＝普通」、「4＝低い」、「5＝とても低い」の5段階による校長の回答）

・「あなたの学校の教員による教育課程実施の達成度についてどのように評価しますか？」（「1＝とても高い」、「2＝高い」、「3＝普通」、「4＝低い」、「5＝とても低い」の5段階による校長の回答）

・学校が位置する都市の人口規模（「1＝500,000人以上」、「2＝100,001〜500,000人」、「3＝50,000〜100,000人」、「4＝15,001人〜50,000人」、「5＝3,001〜15,000人」、「6＝3,000人以下」）

以上の各変数の記述統計量は表4-1、線形回帰分析の結果は表4-2のとおりである。

被説明変数である児童の学力達成と各説明変数との関係性に関しては、表4-2に示した回帰係数の推定結果より、学校による保護者への説明頻度と、保護者の教育要求にかかる教員間での議論の頻度が、児童の学力との間に統計的に有意な関係性を有していることがうかがえるが、家庭学習の支援やボランティアの要請頻度との間には、統計的に有意な関係性は見受けられな

第4章 「外在的・非制度的統制」の機能 105

表4-1 記述統計量

	度数	最小値	最大値	平均値	標準偏差
算数の成績	4,411	297.500	770.900	585.607	68.042
児童の学習にかかる保護者への説明頻度	4,411	1	4	3.550	0.586
児童の生活態度にかかる保護者への説明頻度	4,411	1	4	3.470	0.574
家庭学習の支援の頻度	4,379	1	4	2.510	1.135
保護者へのボランティア要請の頻度	4,411	1	4	3.280	0.756
児童の学習にかかる保護者の要求についての議論の頻度	4,411	1	4	3.290	0.628
学校経営にかかる保護者の要求についての議論の頻度	4,411	1	4	2.830	0.735
コンピューターの有無	4,391	0	1	0.830	0.376
児童の学習机の有無	4,400	0	1	0.910	0.281
児童の書籍の有無	4,393	0	1	0.960	0.203
児童の部屋の有無	4,391	0	1	0.730	0.443
学校規模	4,411	17	1,110	539.570	228.717
教員の職務遂行度	4,411	1	4	2.400	0.632
教員の教育目標の理解度	4,411	1	4	2.430	0.662
教員の教育課程実施の達成度	4,411	1	4	2.390	0.655
学校が位置する都市の人口規模	4,411	1	5	2.365	1.136

い。

　まず、学校が保護者に対して行う説明の頻度に関しては、係数の値より、児童の学習状況に関する説明を頻繁に行っている学校の児童ほど学力達成の程度が低いことがわかる。保護者への説明の頻度が1段階上がると、児童の算数の成績が5.892ポイント下がるという推計である。一方で、児童の生活態度に関する説明の頻度については、学習状況に関する説明とは逆に、説明を頻繁に行っている学校の児童ほど学力達成の程度が高いという推計結果となった。

　また、児童の学習にかかる保護者の要求について教員間で議論する頻度が

表4-2 保護者の教育要求を受容・反映するための学校の取り組みが児童の学力達成にもたらす影響（線形回帰分析の結果）

	非標準化係数	標準誤差	標準化係数	有意確率
（定数）	550.205	12.521		0.000
児童の学習にかかる保護者への説明頻度	−5.892	2.394	−0.050	0.014
児童の生活態度にかかる保護者への説明頻度	4.316	2.468	0.036	0.080
家庭学習の支援の頻度	1.444	0.951	0.024	0.129
保護者へのボランティア要請の頻度	−0.332	1.410	−0.004	0.814
児童の学習にかかる保護者の要求についての議論の頻度	−4.338	1.971	−0.040	0.028
学校経営にかかる保護者の要求についての議論の頻度	0.246	1.473	0.003	0.868
コンピューターの有無	37.778	2.632	0.210	0.000
児童の学習机の有無	1.793	3.588	0.008	0.617
児童の書籍の有無	43.876	4.918	0.131	0.000
児童の部屋の有無	−1.937	2.301	−0.013	0.400
学校規模	0.019	0.005	0.065	0.000
教員の職務遂行度	−2.842	2.061	−0.027	0.168
教員の教育目標の理解度	−3.529	1.979	−0.035	0.075
教員の教育課程実施の達成度	−1.575	2.055	−0.015	0.444
学校の位置する都市の人口規模	−4.831	0.948	−0.082	0.000

n＝4,335　調整済みR2乗値：0.089　F値：29.260（自由度＝15，4,319，有意確率0.000）

高い学校ほど、児童の学力達成が低くなる傾向がうかがえ、議論の頻度が1段階上がると、児童の算数の成績が4.338ポイント下がることが推計されている。学校組織経営にかかる保護者の要求について教員間で議論する頻度については、統計的に有意な関係性を観察することはできなかった[41]。

　以上のTIMSS2011のデータ分析の結果に関しては、次のような考察がで

41　これらの説明変数による影響力は、例えば、「児童の学習状況に関する保護者への説明の頻度が1段階上がる」ことによって、児童の算数の成績は「5.892ポイント下がる」程度に留まっており、TIMSS2011においては平均500ポイント、標準偏差100ポイントとされることを踏まえれば、説明変数の変化に伴う児童の成績（ポイント）の増減は決して大きいものとは言えない。ただ、4段階の順序変数による説明変数それぞれの影響力の大きさについて比較することは可能であり、ここでは相対的な評価を行うことに留めたい。

きよう。

　第一に、学校による保護者への説明や協力要請の頻度と児童の学力達成との関係性について。学校による保護者への説明によって保護者に多くの情報が伝えられ、学校教育に対する理解が深まることで、保護者による学校参加、あるいはそれを通して表出される教育要求がより成熟し学校の実態に見合ったものとなり、結果的に学校における教育活動の効率性を高める、といった仮説を想定していたが、実際には、児童の学習にかかる保護者への説明頻度が高い学校ほど、児童の学力達成の程度が低くなっており、また、学校が保護者に対して協力を要請することと、児童の学力との間には、統計的に有意な関係性を見出すことはできなかった。保護者への説明に関しては、児童の学習状況が芳しくない学校ほど、その改善を図るべく、保護者に対する児童の学習状況にかかる説明にも力を入れている、といった逆の因果関係が成立している可能性も考えられないわけではない。しかし、生活態度にかかる説明については、これが頻繁に実施されている学校ほど児童の学力が高い傾向がうかがえ、また、学習にかかる説明よりも、生活態度にかかる説明を頻繁に行っている学校ほど学力が高いといった傾向は、保護者の学校参加に期待される役割についての認識を改めさせるものとも言えるのではないだろうか。児童の学力達成は、当然のことながら、学校における教育活動のみによって促進されるのではなく、児童の生活の安定もその必要条件とされるところでもある。保護者による学校参加に期待すべきは、学校との情報共有を前提として、学校における教員の学習指導を補完するという形ではなく、家庭における児童の生活面におけるサポートを充実させるという形によって、よりその効果を高めることではないかと考える。

　第二に、保護者の教育要求に関する教員間での議論の頻度と児童の学力達成との関係性について。保護者の教育要求が教員間で共有されることによって、教育要求への応答の機会が増え、児童の学力はより向上するものと考えられたが、分析結果からは、この仮説についても成立する可能性を見出すこ

とは難しいと言わざるを得ない。保護者の教育要求を受容し、教員間で議論することによって組織としてこれに応答する、そうした学校経営努力は、教育活動の効率化に寄与するとは限らないということである。特に、「学習」に関する保護者の要求については、教員間で議論する頻度が高い学校ほど学力が低くなる傾向が顕著であるが、「学校経営」に関する保護者の要求について同様の傾向が見受けられるわけではない。現状として、児童の学習に関する保護者側の要求は、教員間の議論をもってしても、学校・教員側の要求との調整が難しく、却って学校のアカウンタビリティを損なう可能性が高いものと言わざるを得ないのではないか。

第2節　学校－保護者間の関係性が子どもの学力達成に及ぼす影響

　前節の分析では、児童の学習への保護者の関与を促進するための学校の取り組みや、保護者の教育要求の受容をめぐる学校組織の経営体制が、結果として児童の学力達成にいかなる影響をもたらしているのか検証を行った。分析の結果からは、学校－保護者間での児童の生活態度にかかる情報・要求の共有など、児童の生活の安定に寄与するものと思われるコミュニケーションは、学校における教育活動の効率性の向上にもプラスの影響をもたらす一方で、学習指導にかかる情報・要求についてはその限りではなく、学校－保護者間でのコミュニケーションやサポート、保護者の要求についての教員間での共有や議論など、保護者の要求の受容・反映に向けた組織経営上の努力を行ってもなお、学校のアカウンタビリティの向上には寄与しないという実態があることが明らかとなった。前章での学校評議員の機能に関する分析からも明らかとなったように、教員の専門的スキルに深く関わる事柄について、学校が外部者の要求を反映することにはやはり障壁があるようである。

　本節では、児童の学力達成について、基礎的・基本的な学習内容と、必要

に応じた発展的な学習内容に区別した上で、それぞれの習得状況と学校-保護者間の関係性との間にどのような影響力関係が見出されるのか分析を行い、検討を深めることとする。

本節では、筆者が2011年11〜12月に実施した質問紙調査[42]によって得られたデータを用いて分析を行う。本調査は、関東地区（茨城県、栃木県、群馬県、埼玉県、千葉県、東京都、神奈川県）の公立小学校1,024校（全5,108校、各県毎に無作為に20％を抽出）の校長を対象として実施したもので、回答数は315（回収率30.76％）であった。

まず、各学校における児童の学力達成の状況に関しては、以下の2項目に対する校長の回答によって把握することとする。
・「児童の学業成績に関して、基礎的・基本的な内容の定着が徹底されている」
・「児童の学業成績に関して、必要に応じて発展的な内容が習得できている」
回答の分布は図4-1のとおりである。

「基礎的・基本的な内容の定着が徹底されている」という点については、「とても当てはまる」と回答した校長が4.8％、「わりと当てはまる」と回答

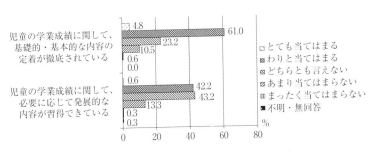

図4-1　児童の学力達成にかかる校長の認識

42　「学校、保護者・地域住民、教育委員会の関係に関する実態・意識調査」（調査実施責任者：東京大学大学院教育学研究科　博士課程　三浦智子、准教授　勝野正章（所属等は調査実施当時））。調査設計及び調査項目の決定、調査票の作成、回答の集計・分析については筆者が担当した。調査票の詳細については資料2を参照されたい。

した校長とあわせると65.8％にのぼるに対し、「必要に応じて発展的な内容が習得できている」という点については、「とても当てはまる」と回答した校長が0.6％、「わりと当てはまる」と回答した校長とあわせても42.8％と半数以下にとどまり、「どちらとも言えない」と回答した校長が43.2％にのぼることがわかる。

　学校における教育活動に求められる学力達成の内容や程度は、個々の児童生徒によって多様であり、個々の児童にどのような内容をどの程度習得させるかという点については、児童の学習ニーズないし保護者の要求を踏まえながら、個々の教員が判断し、適切な手段によって実現されることが求められるものと考える。ただ、「基礎的・基本的な学習内容」は、すべての児童が身に付けられるよう指導することが求められるものであり、「必要に応じた発展的な内容」は、個々の児童によってその内容も必要とされる程度も異なる。全体的に見て、「発展的な学習内容の習得」状況の方が「基礎的・基本的な学習内容の定着」状況よりも、肯定的な回答の割合が低くなっているが、それぞれの状況に見られる回答のばらつきはいかなる要因によってもたらされているのだろうか。無論、児童の学力達成の程度は、学校による教育実践のみによって規定されるわけではない。ただ、前節において言及したTIMSS2011のデータ分析結果に基づけば、保護者の教育要求が学校・教員に受容・反映されることが、直接的に児童の学力達成に影響をもたらす可能性は低いと言えようが、しかし、「基礎的・基本的な学習内容の定着」と「発展的な学習内容の修得」とを区別して観察した時に、学校-保護者間の関係性がもたらす影響に何らかの相違が見られるということはないだろうか。

　まず、児童の学力達成の状況については、先に取り上げた2項目に対する校長の回答—「基礎的・基本的な学習内容の定着」状況と「発展的な学習内容の習得」状況—を指標とし、また、保護者の教育要求の受容・反映の程度については、次の9項目に対する校長の回答（「1＝まったく当てはまらない」～「5＝とても当てはまる」の5段階）を指標としてその実態を把握する。

⑴学校での教育活動の実態について、校長として、保護者に対して説明している

⑵学校・学級での教育活動の実態について、個々の教員は、保護者に対して説明できていると思う

⑶学校全体において、教育活動の実態について、保護者の理解を得られないケースが多い

⑷学校全体において、学習指導について、保護者から要望が寄せられることが多い

⑸学校全体において、生徒指導について、保護者から要望が寄せられることが多い

⑹保護者の要望は、学校の教員間において共有している

⑺保護者の要望が、教員の教育活動の制約になっている

⑻教育目標の設定にあたり保護者の要望を参考にしている

⑼児童に対する指導方法を改善する上で保護者の要望を参考にしている

　⑴・⑵は、学校が保護者に対して学校での教育活動の実態にかかる情報を提供しているか、すなわち、校長としての「説明責任」、あるいは教員としての「説明責任」をそれぞれどの程度果たしているかに関する校長の認識、⑶は、⑴・⑵に対する保護者の反応を尋ねたものである。また、⑷・⑸は保護者が学校に対する要望をどの程度表出しているかについて尋ねたものである。さらに、⑹～⑼は、保護者から寄せられた要望を学校がどのように受容し、教育活動にどの程度反映しているかに関して尋ねたものである。

　これらの質問に対する校長の回答を「説明変数」とし、児童の学力達成の状況を「被説明変数」として、順序プロビット分析を行うが、児童の学力達成の状況ないし学校-保護者間の関係性については、学校の規模によって左右されることが想定されるため、「全校児童数」を統制変数として投入する。

　各変数の記述統計量は表4-3、また、順序プロビット分析の結果は表4-4と表4-5のとおりである。

表4-3　記述統計量

	度数	最小値	最大値	平均値	標準偏差
児童の学業成績に関して、基礎的・基本的な内容の定着が徹底されている	315	1	5	3.590	0.766
児童の学業成績に関して、必要に応じて発展的な内容が習得できている	314	1	5	3.300	0.714
学校での教育活動の実態について、校長として、保護者に対して説明している	314	3	5	4.180	0.464
学校・学級での教育活動の実態について、個々の教員は、保護者に対して説明できていると思う	314	2	5	3.890	0.564
学校全体において、教育活動の実態について、保護者の理解を得られないケースが多い	314	1	5	2.170	0.643
学校全体において、学習指導について、保護者から要望が寄せられることが多い	314	1	4	2.300	0.659
学校全体において、生徒指導について、保護者から要望が寄せられることが多い	312	1	5	2.380	0.764
保護者の要望は、学校の教員間において共有している	313	2	5	4.080	0.628
保護者の要望が、教員の教育活動の制約になっている	312	1	5	2.370	0.753
教育目標の設定にあたり保護者の要望を参考にしている	311	1	5	3.180	0.901
児童に対する指導方法を改善する上で保護者の要望を参考にしている	314	1	5	3.270	0.788
全校児童数	314	19	1112	393.670	236.371

　表4-4は、児童の学力達成のうち、基礎的・基本的な内容の定着状況について、また、表4-5は、児童の学力達成のうち、必要に応じた発展的な内容の習得状況について、教育活動にかかる保護者への説明状況や保護者意向の表出・受容状況及び学校による反映の程度が、これらとどの程度の関連性を持っているかを分析したものである。

　まず、基礎的・基本的な内容の定着状況について、強い関連性が見られるのは、校長及び教員による保護者への説明状況と、保護者による要望の表

第4章 「外在的・非制度的統制」の機能　113

表4-4　基礎的・基本的な学習内容の定着の程度と学校−保護者間の関係性（順序プロビット分析の結果）

	B	標準誤差	有意確率
[閾値＝1]	1.255	0.923	0.174
[閾値＝2]	2.567	0.903	0.004
[閾値＝3]	3.465	0.908	0.000
[閾値＝4]	5.860	0.952	0.000
学校での教育活動の実態について、校長として、保護者に対して説明している	0.509	0.159	0.001
学校・学級での教育活動の実態について、個々の教員は、保護者に対して説明できていると思う	0.327	0.125	0.009
学校全体において、教育活動の実態について、保護者の理解を得られないケースが多い	−0.131	0.129	0.307
学校全体において、学習指導について、保護者から要望が寄せられることが多い	0.387	0.150	0.010
学校全体において、生徒指導について、保護者から要望が寄せられることが多い	−0.348	0.128	0.007
保護者の要望は、学校の教員間において共有している	0.231	0.115	0.044
保護者の要望が、教員の教育活動の制約になっている	−0.201	0.102	0.049
教育目標の設定にあたり保護者の要望を参考にしている	0.065	0.083	0.436
児童に対する指導方法を改善する上で保護者の要望を参考にしている	0.004	0.094	0.962
全校児童数	0.000	0.000	0.479
N	307		
−2対数尤度	588.50		
カイ2乗（有意確率）	58.269（0.000）		
疑似決定係数	0.197		

出・受容状況であり、保護者の要望の反映─教育目標の設定や指導方法の改善にあたり保護者の要望を参考にしているか─については統計的に有意な影響力を観察することはできなかった。保護者への説明がよくなされている学校ほど、基礎的・基本的な内容の定着度が高いと回答しており、また、保護者の要望を学校の教員間で共有している学校ほど、基礎的・基本的な内容の定着度が高いと回答していることが判明した。ただ、表出される保護者の要

表4-5　発展的な学習内容の習得の程度と学校-保護者間の関係性（順序プロビット分析の結果）

	B	標準誤差	有意確率
［閾値＝1］	−0.527	0.922	0.567
［閾値＝2］	1.235	0.868	0.155
［閾値＝3］	2.649	0.875	0.002
［閾値＝4］	5.196	0.939	0.000
学校での教育活動の実態について、校長として、保護者に対して説明している	0.221	0.152	0.145
学校・学級での教育活動の実態について、個々の教員は、保護者に対して説明できていると思う	0.278	0.124	0.024
学校全体において、教育活動の実態について、保護者の理解を得られないケースが多い	−0.267	0.126	0.034
学校全体において、学習指導について、保護者から要望が寄せられることが多い	0.418	0.148	0.005
学校全体において、生徒指導について、保護者から要望が寄せられることが多い	−0.304	0.126	0.016
保護者の要望は、学校の教員間において共有している	0.167	0.112	0.135
保護者の要望が、教員の教育活動の制約になっている	−0.159	0.100	0.110
教育目標の設定にあたり保護者の要望を参考にしている	0.158	0.082	0.053
児童に対する指導方法を改善する上で保護者の要望を参考にしている	−0.118	0.093	0.201
全校児童数	0.001	0.000	0.002

N	306
−2対数尤度	592.244
カイ2乗（有意確率）	48.564（0.000）
疑似決定係数	0.167

望に関して、学習指導にかかる要望についてはこれが表出されている学校ほど基礎的・基本的な内容の定着度が高いと回答しているが、これとは逆に、生徒指導にかかる要望については表出されない学校ほど、基礎的・基本的な内容の定着度が高いと回答していることが明らかとなった。

　続いて、必要に応じた発展的な内容の習得状況であるが、これと強い関連性が見られる変数に関して基礎的・基本的な内容の定着状況の場合と大きく

第4章 「外在的・非制度的統制」の機能　115

異なるのは、校長による保護者への説明や、保護者の要求を教員らが受容
し、教員間で共有できているかどうかよりも、個々の教員から保護者に対し
て説明ができているかどうかや、教育目標の設定に保護者の要望を反映して
いるかどうかが強い関連性を持っているという点である。校長ではなく個々
の教員から保護者への説明が十分に行われているとされる学校ほど、また、
教育目標の設定にあたり保護者の要望を参考にしている学校ほど、必要に応
じて発展的な内容を習得できていると回答しているのである。それでも、児
童に対する指導方法を改善する上で保護者の要望を参考にしているか、との
問いに対する回答は、発展的な内容の習得状況との間に統計的に有意な影響
力関係があるわけではなく、一方で、教育活動の実態について保護者の理解
が得られないケースが多いか、との問いに否定的な回答をしている学校ほ
ど、発展的な内容を習得できていると回答している点も特徴的である。

　これらの各変数の影響力を具体的に評価するため、「学校全体において、
学習指導について、保護者から要望が寄せられることが多い」、「学校全体に
おいて、生徒指導について、保護者から要望が寄せられることが多い」、「教
育目標の設定にあたり、保護者の要望を参考にしている」との問いに対する
回答による3つの説明変数について、これらが変化した際の確率関数の変動
を推計し、グラフ化したものが図4-2、図4-3である。例えば、図4-2から
は、「学習指導について、保護者から要望が寄せられることが多い」との質
問に対し「まったく当てはまらない」（最小値）と回答する場合よりも、「わ
りと当てはまる」（最大値）と回答する場合のほうが、基礎的・基本的な学習
内容の定着の程度に関して肯定的な回答をする可能性が40％程度高まってい
ることがわかる。また、図4-2と図4-3を比較すると、「教育目標の設定にあ
たり保護者の要望を参考にしている」との質問に対し「まったく当てはまら
ない」（最小値）と回答する場合よりも、「とても当てはまる」（最大値）と回
答する場合のほうが、基礎的・基本的な学習内容の定着の程度に関して肯定
的な回答をする可能性が10％程度高くなっているが、発展的な学習内容の習

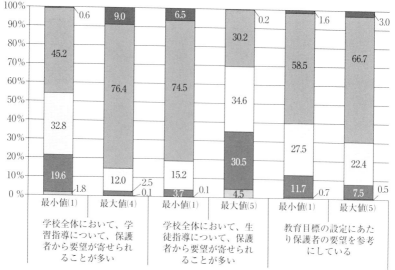

図4-2 基礎的・基本的な学習内容の定着の程度と学校-保護者間の関係性

得の程度に関して肯定的な回答をする可能性は25％程度高くなっていることがわかる。「教育目標の設定にあたり保護者の要望を参考にしている」程度の違いが、基礎的・基本的な学習内容の定着の程度にもたらす影響よりも、発展的な学習内容の習得の程度にもたらす影響の方が大きいことが明らかにされたものと言える。

　以上の分析結果をまとめると、まず、校長や教員による保護者への説明や、教員間での保護者の意向の共有が積極的に行われている学校ほど、基礎的・基本的な学習内容の定着が徹底されている傾向がうかがえる。一方で、校長よりも各教員のほうが保護者への説明を積極的に実施している学校、また、保護者の教育要求の教育目標への反映が積極的に行われている学校では、必要に応じた発展的な学習内容の習得が図られている可能性が高くなる

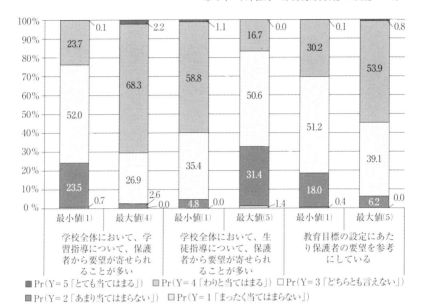

図4-3 発展的な学習内容の習得の程度と学校-保護者間の関係性

ものと言える。しかしながら、教員による指導方法の改善にあたり保護者の要求を参考にしているかどうかは、児童の学力達成にさほど影響を持たないようである。つまり、基礎的・基本的な学習内容の定着に関して、学校-保護者間の情報伝達は有効に機能するが、個々の児童の必要性に応じた発展的な学習内容の習得となると、学校-保護者間の情報伝達のみでは十分でなく、保護者の学校に対する理解や、個々の教員による保護者への説明が十分であること、あるいは、教育目標の設定にあたって保護者の要求を十分に受容することが有効に機能するということである。こうした点からは、学校に対する民主的統制の手段として保護者の学校への参加・関与が有効に機能し、基礎的・基本的な学習内容の定着に留まらず、多様な教育要求に応じた発展的な学習内容の習得が図られるには、学校-保護者間でのコミュニケー

ションのみならず、個々の教員と保護者間での相互理解を深めることが重要となるものと言える。ただ、教員による学習指導の方法に関して、保護者の要求を受けての改善がなされているかどうかが児童の学力達成に影響をもたらす様子は観察されなかったことからは、教員の指導方法については保護者による民主的統制の及ぶ範囲ではなく、教員らの自律的専門性に任されることが必要であるものと考えられる。

第3節　（補論）保護者による学校評価の結果の活用状況

　なお、前節の分析で取り上げた2011年11〜12月に筆者が実施した質問紙調査では、学校に対する保護者の教育要求を把握する手段として、学校関係者評価及び保護者によるアンケートの実施状況について別途回答を得ている。本研究では、「外在的・非制度的統制」の手段として保護者の学校参加を想定し、参加行動を通して表出される教育要求の影響力に着目した分析を行ってきたが、ここでは、保護者が行う学校の教育活動に対する評価に着目し、各学校において、保護者による学校評価の結果はどの程度受容されているものであるのか、学校評価結果の活用状況にかかるデータを概観する。

　周知のとおり、2009年の学校教育法施行規則の一部改正により、保護者を含めた学校関係者による学校評価の実施に向けた各学校の努力義務が規定されたところである。また、文部科学省のガイドラインによれば、保護者アンケートは学校関係者評価ではなく、自己評価の一環として行われるべきものと説明されている。これらの評価・アンケート等の実施状況に関して、筆者が実施した質問紙調査において「貴校では、保護者による学校評価（保護者アンケート、あるいは保護者を評価者に含めた学校関係者評価など）を実施していますか。」の問いに対し、「実施している」と回答した校長は315人中308人（97.8%）であった。

　学校は、こうした保護者による学校評価の結果をどのように活用している

第4章 「外在的・非制度的統制」の機能　119

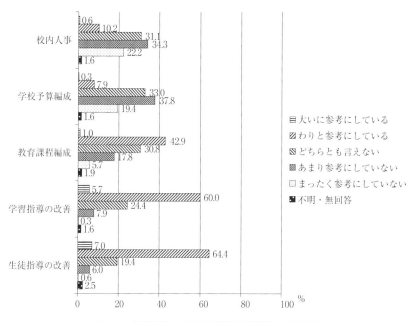

図4-4　保護者による学校評価を参考にする程度

のか。本調査では、「保護者による学校評価（保護者アンケート、あるいは保護者を評価者に含めた学校関係者評価など）の結果をどの程度参考にされていますか。」との質問に対し、学校経営における5つの項目—校内人事、学校予算編成、教育課程編成、学習指導の改善、生徒指導の改善—のそれぞれについて、「大いに参考にしている」～「まったく参考にしていない」の5段階で校長による回答を得た。回答の分布は図4-4の通りである。

まず、保護者による評価結果を参考にする程度が比較的低い項目として、校内人事や学校予算編成が挙げられる。「大いに参考にしている」あるいは「わりと参考にしている」と回答した校長はそれぞれ10.8％、8.2％にとどまり、「あまり参考にしていない」あるいは「まったく参考にしていない」と回答した校長が半数を超える。一方、教育課程編成に関しては、「大いに参

考にしている」と回答した校長は1.0％であるものの、「わりと参考にしている」と回答した校長とあわせると43.9％にのぼる。さらに、学習指導、生徒指導の改善については、「大いに参考にしている」あるいは「わりと参考にしている」と回答した校長はそれぞれ65.7％、71.4％と半数を大幅に超える。

　本節で扱う保護者による学校評価の結果は、学校側に個別に寄せられる要求と異なり、学校側が実施する評価やアンケートの結果であるということに留意しなければならないが、教育課程編成や学習指導・生徒指導の改善といった教育実践面において、保護者による評価を参考にする程度が比較的高い点は注目に値する。他方で、校内人事や予算編成など、学校の組織経営面において保護者による評価結果を参考にしている傾向は決して高くない。学校における教育実践に比べれば、学校の組織経営に対する保護者の関心は低くなりがちで、実際に学校側が参考にし得るような評価がなされていないのではないかと想像されるところではあるものの、保護者による評価結果を参考にすることそれ自体に対する校長の認識や積極性の度合いが、教育実践面と組織経営面で大きく異なっていることを問題と捉えるならば、保護者の要求を教育実践に反映させることが子どもの学力達成に必ずしも帰結しない要因については、保護者の要求に応じた経営的努力を図ることの困難さの中にも見出すこともできるように考えられるのである。

第4節　小括

　本章における2つのデータの分析結果をまとめると次のとおりである。

　まず、TIMSS2011のデータ分析では、児童の生活態度にかかる保護者への説明がなされている学校ほど児童の学力が高く、逆に、児童の学習にかかる説明がなされている学校ほど学力が低い傾向があること、また、児童の学習にかかる保護者の教育要求について教員間の議論が活発に行われている学校ほど、学力が低い傾向があることが明らかとなった。

これに対し、筆者が実施した質問紙調査によるデータの分析では、保護者の教育要求を教員間で共有している学校ほど、基礎的・基本的な学習内容の定着の徹底が図られる傾向があることが明らかとなったが、こうした傾向は発展的な学習内容の習得状況に関してはうかがうことができなかった。他方で、学校の教育活動に対する保護者の理解度や、教育目標の設定における保護者要求の参考度が高い学校ほど、発展的な学習内容の習得が図られる傾向があることも明らかとなった。以上を踏まえると、学校教育において、すべての子どもに同様に求められる基礎学力の徹底に留まらず、子ども・保護者の多様な教育要求への応答を可能とするには、学校–保護者間における相互理解が重要となる。保護者の教育要求について教員間で議論する、あるいは共有するといった経営努力は、基礎学力を徹底する上で必要ではあるが、子ども・保護者の多様な教育要求への応答を図り、学校のアカウンタビリティを向上させるための手段としては不十分と言わざるを得ないのである。

　また、筆者が実施した質問紙調査によるデータの分析では、基礎的・基本的な学習内容、発展的な学習内容を問わず、保護者の学習指導に関する要望が多く寄せられる学校ほど、その習得の程度が高まる傾向がある一方で、生徒指導に関する要望が多く寄せられる学校ほど、その習得の程度が低くなる傾向があることも明らかとなっている。保護者の学習指導に関する要望の多さは教育関心の高さの表れであるとも考えられ、これが児童の学力向上に寄与するという点については納得できるところでもある。保護者の教育関心の高さが児童の生活の安定を促し、あるいは、教員による職務への意欲を引き出し、結果的に児童の学力向上が図られるといった作用があるものと考えられるためである。一方で、保護者の生徒指導に関する要望に関しては、TIMSS2011のデータ分析の結果からは、保護者に対し児童の生活態度に関する説明を行っている学校ほど学力が高いといった知見が得られており、児童の生活面での指導に関する学校–保護者間でのコミュニケーションがもたらす影響としては一見すると逆の結果となっている。しかし、学校に対し保

護者から生徒指導に関する要望が寄せられることと、学校から保護者に対し児童の生活態度に関する説明を行うことでは、コミュニケーションの方向性が異なる。児童の生活の安定は学力達成の決定要素のひとつとなり得る中で、生徒指導に関して保護者が学校に多くのことを期待するという状況は、児童が生活の安定を欠いている状態を意味する可能性もあり、それゆえに学力達成が困難となったものとも理解できるのではないか。なお、教員が児童に対する指導方法を改善する上で保護者の要望を参考にする程度については、学力達成の程度に対し影響を持たない。

　教員による、子どもの多様な教育要求を踏まえた学習指導の在り方に対して、「外在的・非制度的統制」の手段としての保護者の学校への参加・関与が直接に機能し得ないとすれば、教員の学習指導に対してはいかなる統制の手段が有効に機能し得るのか解明することが重要な課題となろう。

第5章 「内在的・非制度的統制」の機能（1）
教員による教育活動の「民主性」にもたらされる影響

　前章における分析の結果から、保護者の学校参加・関与による「外在的・非制度的統制」は、子どもの学力達成を一定程度向上させるものの、その有効性については限定的であることが明らかとなった。そこで、本章と次章では、こうした「外在的・非制度的統制」の機能の限界を補完し得る統制の手段として「内在的・非制度的統制」に注目し、学校のアカウンタビリティを向上させるという点においてこれがいかに機能し得るのか、検証を行うこととする。

　本章では、学校が学力達成の向上という社会的要請に応じることを「外部アカウンタビリティ」と定義し、学校が「外部アカウンタビリティ」を果たす前提条件として、「内部アカウンタビリティ」のシステム—学校の組織構成員間において規範、価値、期待について調整し共有する仕組み—を有していることが必要であるとしたエルモアのアカウンタビリティ論を踏まえ、まず、「内在的・非制度的統制」—具体的には、教員間における相互支援など協働的な取り組み—が、子ども・保護者の多様な教育要求に応答することにどの程度寄与しているかという点について、教員及び保護者を対象として実施した質問紙調査によるデータの分析を通して検討を行い、結果的に「内在的・非制度的統制」が「外在的・非制度的統制」の機能を補完し得るということを論じる。

　本章における分析は、2段階の手続きによって進める。第一に、「外部アカウンタビリティ」の向上—外在的な教育要求への応答—を目指した教員の協働的な取り組みとしての「内部アカウンタビリティ」がどの程度有効に機能しているか、教員の認識を通して検証する。その上で、第二に、「内部ア

カウンタビリティ」としての教員らの行動が、実際に子どもを通学させている保護者の学校に対する満足度にどのような影響をもたらしているかという点について検証することとする。

使用するデータは、2010年12月～2011年1月にかけて九州地区におけるA自治体の公立小学校（a～d校）とB自治体の公立小学校（e校）の全教員（92名）と全保護者（540名）を対象として実施した質問紙調査（教員：回収数58、回収率63.0%、保護者：回収数411、回収率76.1%）によるものである[43]。

第1節　学校の「内部アカウンタビリティ」と「外部アカウンタ ビリティ」の関係性—教員を対象とした認識調査の結果から—

まず、学校の「外部アカウンタビリティ」の向上—外在的な教育要求への応答—を目指した教員の協働的な取り組みとしての「内部アカウンタビリティ」がどの程度有効に機能しているか、教員の認識を通して検証する。

「外部アカウンタビリティ」に関しては、学校の成果に対する教員の自信の程度や、保護者の教育要求を契機として教育実践の改善をすることがどの程度あるかという点について測定する。また、「内部アカウンタビリティ」に関しては、学校の運営方針や教育目標・課題の設定、指導方法の改善に向けて教員間における協働的な取り組みがどの程度行われているかという点についての教員の認識を尺度として測定し、これらの間の関係性について検証を行う。つまり、「内部アカウンタビリティ」が維持されている学校ほど、「外部アカウンタビリティ」が保障されているかどうかについて検証するということである。具体的には以下のような変数を用いる。

①学校の「外部アカウンタビリティ」（被説明変数）

43　「地域と学校との関係に関するアンケート調査」（調査実施責任者：佐賀大学文化教育学部　准教授 川上泰彦（所属等は調査実施当時））。筆者は、調査項目の決定、調査票の作成、回答の集計・分析を担当した。調査票の詳細については資料3を参照されたい。

第5章 「内在的・非制度的統制」の機能(1) 教員による教育活動の「民主性」にもたらされる影響　125

　次の2つの問いに対する教員の回答（「1＝まったく当てはまらない」～「5＝とても当てはまる」の5値の順序変数）

・「学校で行っている教育活動は、成果を上げているという自信がある」

・「保護者の意向や要望をきっかけにして自らの教育実践を改善することがある」

②学校の「内部アカウンタビリティ」（説明変数）

　次の3つの問いに対する教員の回答（「1＝まったく感じない」～「5＝とても感じる」の5値の順序変数）

・「学校の運営方針や教育目標・課題は、主に管理職がその考えに基づいて設定している」

・「学校の運営方針や教育目標・課題の設定に際し、積極的に自分の意見を述べ易い」

・「指導方法や学級経営の方法など、職場において日頃から気軽に仕事の相談をし易い」

　検証にあたっては、学校の「外部アカウンタビリティ」にかかる尺度項目を被説明変数、学校の「内部アカウンタビリティ」に関する尺度項目を説明変数として順序プロビット分析を行うが、学校の「外部アカウンタビリティ」と「内部アカウンタビリティ」の双方に影響をもたらし得る要素として、個々の教員の有する資質能力や職務に対する姿勢等が挙げられよう。ここでは、個々の教員の資質能力や職務に対する姿勢等を詳細に測定する尺度項目を挙げることは難しいが、教員の「教職経験年数」をその職能等を示すひとつの尺度として捉え、統制変数として投入することとする。

　各変数の記述統計量については表5-1のとおりである。

　また、表5-2は、被説明変数である学校の「外部アカウンタビリティ」にかかる教員の認識について度数分布を示したものである。これによると、学校の教育活動の成果及び保護者の教育要求を契機とした教育実践の改善に関する教員の認識に関しては、いずれも7割程度の教員が肯定的な回答をして

表5-1　記述統計量（教員回答）

	度数	最小値	最大値	平均値	標準偏差
学校で行っている教育活動は、成果を上げているという自信がある	58	3	5	3.860	0.544
保護者の意向や要望をきっかけにして、自らの教育実践を改善することがある	58	2	5	3.640	0.583
学校の運営方針や教育目標・課題は、主に管理職がその考えに基づいて設定している	57	1	5	3.770	0.824
学校の運営方針や教育目標・課題の設定に際し積極的に自分の意見を述べやすい	57	1	5	3.350	0.876
指導方法や学級経営の方法など、職場において日頃から気軽に仕事の相談をしやすい	55	2	5	4.020	0.680
教職経験年数	54	0	36	17.240	9.300

表5-2　度数分布（学校の成果に関する教員の認識）

	「学校で行っている教育活動は、成果を上げているという自信がある」		「保護者の意向や要望をきっかけにして自らの教育実践を改善することがある」	
	N	%	N	%
まったく当てはまらない	—	—	—	—
あまり当てはまらない	—	—	2	3.8
どちらとも言えない	12	23.1	15	28.8
やや当てはまる	35	67.3	34	65.4
とても当てはまる	5	9.6	1	1.9
有効回答合計	52	100.0	52	100.0

いることが明らかである。

　続いて、順序プロビット分析の結果は表5-3のとおりである。

　学校教育活動の成果、保護者の教育要求を契機とした教育実践の改善いずれに対しても肯定的な回答をしている教員が多数を占める中で、表5-3の分析結果からは、こうした肯定的な回答の決定要因はそれぞれ異なったものとなっていることがわかる。

表5-3 「内部アカウンタビリティ」が学校の成果に関する教員の認識に与える影響
（順序プロビット分析の結果）

	「学校で行っている教育活動は、成果を上げているという自信がある」			「保護者の意向や要望をきっかけにして自らの教育実践を改善することがある」		
	B	標準誤差	有意確率	B	標準誤差	有意確率
［閾値 = 1］	–	–	–	–	–	–
［閾値 = 2］	–	–	–	− 1.322	1.227	0.281
［閾値 = 3］	3.013	1.383	0.029	0.121	1.211	0.920
［閾値 = 4］	5.402	1.505	0.000	3.218	1.326	0.015
「学校の運営方針や教育目標・課題は、主に管理職がその考えに基づいて設定している」	0.145	0.218	0.507	− 0.554	0.246	0.024
「学校の運営方針や教育目標・課題の設定に際し、積極的に自分の意見を述べやすい」	− 0.336	0.268	0.211	0.028	0.261	0.916
「指導方法や学級経営の方法など、職場において日頃から気軽に仕事の相談をしやすい」	1.007	0.331	0.002	0.579	0.296	0.050
教職経験年数	0.025	0.020	0.230	0.018	0.020	0.379
N		52			52	
− 2 対数尤度		73.624			75.806	
カイ 2 乗（有意確率）		12.699（0.013）			9.930（0.042）	
疑似決定係数		0.268			0.214	

特に、「職場において仕事の相談がし易い」と回答する教員ほど、学校教育活動の成果を高く評価しており、また、保護者の教育要求を契機とした教育実践の改善を行っているようである。一方で、「管理職の考えに基づく教育課題の設定がなされている」と回答する教員ほど、保護者の教育要求を契機とした教育実践の改善はなされていない傾向があるようであり、学校の教育活動の成果に対する自信の程度に関しては、「管理職の考えに基づく教育課題の設定がなされている」かどうかという点に関する認識との間に統計的に有意な関係性を認めることはできない。また、「学校の運営方針や教育目標・課題の設定に際し、積極的に自分の意見を述べ易い」かどうかについての認識は、学校教育活動の成果に対する自信の程度、保護者の教育要求を契

機とした教育実践の改善の程度のいずれに対しても統計的に有意な影響を認めることはできなかった。

図5-1は、「職場における仕事の相談のし易さ」以外の変数を平均値に固定し、「職場における仕事の相談のし易さ」が最小値をとる場合と最大値をとる場合において、保護者の教育要求を契機とした教育実践の改善状況にどのような違いが生じるのか、その確率を計算し、結果をグラフ化したものである。「職場における仕事の相談のし易さ」についての教員の回答が最小値をとる場合、その教員が「保護者の意向や要望をきっかけにして自らの教育実践を改善することがある」という問いに対し「とても当てはまる」ないし「わりと当てはまる」と回答する確率は25.9％に留まるが、「職場における仕事の相談のし易さ」についての回答が最大値をとる場合には86.2％にまでの

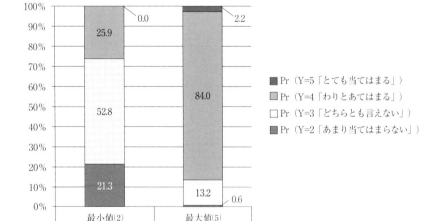

図5-1 「職場における仕事の相談のし易さ」が「保護者の意向や要望をきっかけにした教育実践の改善状況」に与える影響

ぽっていることがわかる。

　ここまでの分析結果から、「管理職の考えに基づく教育課題の設定がなされている」、「職場において仕事の相談がし易い」のいずれの変数も、学校組織内における教育課題や情報の共有が積極的になされていることの尺度となっているものと考えられるが、特に後者については、教員間における相互支援を通じた教育課題の追求がなされ易い状況を説明するものと考えられ、「外部アカウンタビリティ」を支える「内部アカウンタビリティ」の根幹をなすものと捉えてよいだろう。一方、前者については、後者に比べると、同僚教員間における相互支援など協働的な取り組みというよりも、校長による変革的リーダーシップの発揮、あるいはトップ・ダウン型の意思決定がなされることにより教員らの統率が図られている状況を説明するものと考えられる。分析の結果から「管理職の考えに基づく教育課題の設定がなされている」と回答する教員ほど、保護者の教育要求を契機とした教育実践の改善を行っていない傾向が観察されたことを踏まえるならば、個々の教員が子ども・保護者の多様な教育要求に向き合うことを通して、その教育実践を改善することが求められる場合に、同僚教員間における相互支援など協働的な取り組みは有効に機能し得るが、学校組織における意思決定のトップ・ダウン傾向はその制約となる側面があるものと言えるだろう。

第2節　学校の「内部アカウンタビリティ」が保護者の満足度にもたらす影響

　次に、学校の「内部アカウンタビリティ」が保護者の教育要求の充足度にもたらす影響について検証する。

　学校の「外部アカウンタビリティ」と「内部アカウンタビリティ」の関係性について、前節では学校の成果にかかる教員の認識を通して検証したが、学校の「外部アカウンタビリティ」について、保護者はどのように認識して

いるのか。保護者の学校教育に対する満足度を把握するとともに、こうした保護者の満足度を向上させる上で、学校の「内部アカウンタビリティ」としての教員間の協働的な取り組みがどの程度有効に機能しているのか、分析を試みる。具体的には、以下のように変数を設定し、前節における分析と同様に順序プロビット分析を行う。

①学校教育活動に対する保護者の満足度（被説明変数）

　次の２つの問いに対する保護者の回答（「１＝まったく当てはまらない」～「５＝とても当てはまる」／「１＝まったくそう思わない」～「５＝とてもそう思う」の５値の順序変数）

・「学校の教育活動には、保護者の希望や考えが反映されていると思う」

・「学校には、もっと熱心に教育に取り組んでほしい」

②学校の「内部アカウンタビリティ」（説明変数）

　次の２つの問いに対する、子どもの在籍する学校の教員回答（「１＝まったく当てはまらない」～「５＝とても当てはまる」～／「１＝まったく感じない」～「５＝とても感じる」の５値の順序変数により得られた回答）の学校毎の平均値

・「学校の運営方針や教育目標・課題は、主に管理職がその考えに基づいて設定している」

・「指導方法や学級経営の方法など、職場において日頃から気軽に仕事の相談をし易い」

　なお、統制変数として、保護者の学校教育に関する関心や情報量にかかる変数を投入する。具体的には、「子どもは、その日の学校での出来事について家で話をすることが多い」との問いに対する保護者回答（「１＝まったく当てはまらない」～「５＝とても当てはまる」の５値の順序変数）と「学校・学級での教育活動の実態について、保護者に対し、説明している」との問いに対する教員回答（「１＝まったく当てはまらない」～「５＝とても当てはまる」の５値の順序変数）の２変数である。各変数の記述統計量は表5-4のとおりである。

　また、表5-5は、被説明変数である、学校における保護者の教育要求の反

映度と教育活動に対する姿勢に関する保護者の回答の分布である。学校の教育活動が保護者の希望や考えを反映したものとなっていると感じている保護者は半数弱、「どちらとも言えない」とした保護者は半数程度であった。また、学校にもっと熱心な取り組みを期待する保護者は3割強、「どちらとも言えない」とした保護者は半数弱であった。

続いて、順序プロビット分析の結果は表5-6のとおりである。

表5-4　記述統計量（保護者回答及び学校毎の教員回答の平均値）

		度数	最小値	最大値	平均値	標準偏差
保護者回答	子どもの学校の教育活動には、保護者の希望や考えが反映されていると思う	409	1	5	3.440	0.712
	学校には、もっと熱心に教育に取り組んでほしい	409	1	5	3.200	0.888
	子どもは、その日の学校での出来事について家で話をすることが多い	410	1	5	3.850	0.848
学校毎の教員回答の平均値	学校・学級での教育活動の実態について、保護者に対し、説明している	411	3.790	4.250	3.845	0.132
	学校の運営方針や教育目標・課題は、主に管理職がその考えに基づいて設定している	411	2.600	4.070	3.889	0.350
	指導方法や学級経営の方法など、職場において日頃から気軽に仕事の相談をしやすい	411	3.270	4.380	3.526	0.416

表5-5　度数分布（学校教育活動に対する保護者の満足度）

	「学校の教育活動には、保護者の希望や考えが反映されていると思う」			「学校には、もっと熱心に教育に取り組んでほしい」	
	N	%		N	%
まったく当てはまらない	3	0.7	まったくそう思わない	9	2.2
あまり当てはまらない	19	4.6	あまりそう思わない	67	16.4
どちらとも言えない	206	50.4	どちらとも言えない	200	48.9
やや当てはまる	156	38.1	わりとそう思う	99	24.2
とても当てはまる	25	6.1	とてもそう思う	34	8.3
有効回答合計	409	100.0	有効回答合計	409	100.0

学校の外部アカウンタビリティに対する保護者の認識を規定する要因として、教員らの行動様式に関する変数に注目すると、「学校教育に保護者の希望や考えが反映されている」かどうかについての保護者の認識に対しては、教員間における情報・課題共有の在り方が統計的に有意な影響をもたらしている様子をうかがうことはできず、それよりも、保護者自身に関わる変数、すなわち、学校教育に関して子どもとの会話を多く持っているかどうかが大きく影響していることがわかる。一方で、「指導方法や学級経営の方法など、職場において日頃から気軽に仕事の相談をし易い」との問いに対する教

表5-6　学校の「内部アカウンタビリティ」が保護者の満足度に与える影響（順序プロビット分析の結果）

	「学校の教育活動には、保護者の希望や考えが反映されていると思う」			「学校には、もっと熱心に教育に取り組んでほしい」		
	B	標準誤差	有意確率	B	標準誤差	有意確率
［閾値＝1］	2.859	2.722	0.294	0.477	2.588	0.854
［閾値＝2］	3.736	2.718	0.169	1.631	2.588	0.529
［閾値＝3］	5.578	2.722	0.040	3.011	2.590	0.245
［閾値＝4］	7.064	2.729	0.010	3.964	2.592	0.126
「学校・学級での教育活動の実態について、保護者に対し、説明している」（教員平均値）	1.006	0.635	0.113	1.013	0.606	0.095
「学校の運営方針や教育目標・課題は、主に管理職がその考えに基づいて設定している」（教員平均値）	−0.016	0.212	0.939	0.142	0.204	0.486
「指導方法や学級経営の方法など、職場において日頃から気軽に仕事の相談をしやすい」（教員平均値）	0.066	0.193	0.732	−0.626	0.187	0.001
「子どもは、その日の学校での出来事について家で話をすることが多い」	0.361	0.067	0.000	0.079	0.062	0.204
N	409			409		
−2対数尤度	147.378			194.600		
カイ2乗（有意確率）	37.670（0.000）			17.760（0.001）		
疑似決定係数	0.100			0.046		

員回答の平均値が低い学校ほど、「学校には、もっと熱心に教育に取り組んでほしい」と学校に不満を感じる保護者が多いことがわかった。なお、「学校・学級での教育活動の実態について、保護者に対し、説明している」との問いに対する教員回答については、保護者の満足度に対し統計的に有意な影響を持つ様子は確認されなかった。

図5-2は、「職場における仕事の相談のし易さ」以外の変数を平均値に固定し、「職場における仕事の相談のし易さ」が最小値をとる場合と最大値をとる場合において、保護者の「学校には、もっと熱心に教育に取り組んでほしい」という認識にどのような違いが生じるのか、その確率を計算し、結果をグラフ化したものである。教員の「職場における仕事の相談のし易さ」の平均が最小値をとる場合、その学校の保護者が「学校には、もっと熱心に教育

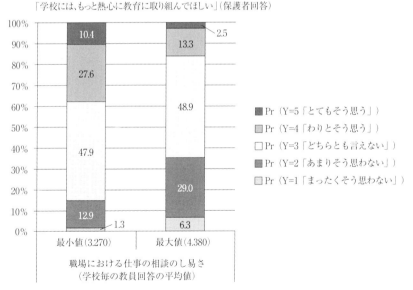

図5-2 「職場における仕事の相談のし易さ」が学校に対する保護者の満足度にもたらす影響

に取り組んでほしい」という問いに対して、「とてもそう思う」と回答する確率は10.4％にのぼるが、教員の「職場における仕事の相談のし易さ」の平均が最大値をとる場合には2.5％に留まっている。

　学校教育活動に対する保護者の満足度について、子どもを通した学校の教育活動に関する情報が多いほど、保護者の満足度が高まっていることからは、保護者の教育要求への応答にあたっては、学校・教員と保護者との間の情報共有が欠かせないということが言えるだろう。ただ、保護者の学校に対する満足度や総合的な信頼は、教育情報の共有のみによって高められるわけではないことも明らかとなった。教員間での仕事の相談のし易さなど、「内部アカウンタビリティ」が維持されている学校ほど、「学校には、もっと熱心に教育に取り組んでほしい」とした否定的な保護者の回答が少ないことから、学校の「内部アカウンタビリティ」が学校教育活動の成果として結実し、そうした成果が保護者に共有されることによって、学校教育活動に対する満足度の向上や信頼構築が図られるものと考えられる。

第3節　小括

　本章では、「内部アカウンタビリティ」が「外部アカウンタビリティ」の保障にどの程度寄与しているのかという視点から、教員及び保護者を対象として実施した質問紙調査データに基づく分析を行い、学校組織内部における教員間の協働的な取り組みの在り方が、学校の成果に対する教員の肯定的な評価あるいは学校教育に対する保護者の満足度の向上に一定程度寄与していることを明らかにしてきた。エルモアによるアカウンタビリティ論において主張された「内部アカウンタビリティ」と「外部アカウンタビリティ」の関係性は、我が国における学校現場においても十分に存在し得るものであることが確認できたと言えるだろう。

　ただ、本章における分析の意義は、エルモアのアカウンタビリティ論を実

証したことに留まるわけではない。

　前章における分析では、学校・教員による子ども・保護者の多様な教育要求への応答について、「外在的・非制度的統制」としての保護者の学校への関与・参加がこれを促進することには限界がある点を指摘したが、本章における分析により、学校内の教員組織において相談がし易いなど教員間における相互支援が活発になされている学校では、教員らが学校の成果や保護者の要求に即した教育実践の実施により大きな自信を持つ傾向があることに加え、学校教育に対する保護者の満足度も上昇する傾向があることが明らかとなった。

　保護者の学校に対する満足度や信頼に関して、「学校の教育活動には、保護者の希望や考えが反映されている」との保護者の認識は、分析結果より、学校組織内部における教員間の相互支援等の態様よりも、家庭内での保護者と子ども間での学校教育に関する情報共有といったコミュニケーションの頻度によって規定される側面が強いこともうかがえる。しかしながら、「学校には、もっと熱心に教育に取り組んでほしい」と感じるかどうかという点については、保護者と子ども間でのコミュニケーションの程度は統計的に有意な影響力を持たず、学校組織側の教員間における相互支援が活発であるといった「内在的・非制度的統制」の態様がこれを大きく左右する傾向が観察されたのである。

　以上の分析結果から、学校アカウンタビリティの向上に向けて、「内在的・非制度的統制」は「外在的・非制度的統制」の機能を補完し、保護者の教育要求の充足、すなわち学校教育活動における「民主性」の保障という点において一定程度有効に機能し得る可能性を確認できたものと言える。次章では、さらに、「内在的・非制度的統制」の態様をより詳細に捉え、これが子どもの学力達成にもたらす影響について検討する。具体的には、教員間の協働的な取り組みが、いかに個々の教員の職務における「専門性」を向上させ、子どもの学力達成に寄与しているかという点について検証することを試みる。

第6章 「内在的・非制度的統制」の機能 (2)
教員による教育活動の「専門性」にもたらされる影響

前章では、学校が学力の向上という社会的要請に応じることを「外部アカウンタビリティ」と定義し、学校が「外部アカウンタビリティ」を果たす前提条件として、「内部アカウンタビリティ」のシステム—学校の組織構成員間において規範、価値、期待について調整し共有する仕組み—を有していることが必要であるとしたエルモアのアカウンタビリティ論を踏まえたデータ分析を行い、「内在的・非制度的統制」が「外在的・非制度的統制」の機能を一定程度補完し得ることを主張した。すなわち、教員間において情報共有や相互支援などが盛んに行われている学校では、教員らの教育活動に対する自信のみならず、保護者の学校教育に対する満足度が高められる傾向があることが明らかとなったのである。

そこで、本章では、「内在的・非制度的統制」の態様をより詳細に捉えるとともに、これが、子どもの学力達成にもたらす影響について検討することを試みる。具体的には、学校の組織構成員間の関係性の態様、すなわち、学校の意思決定や日頃の教育活動における校長−教員間及び同僚教員間の関係性に着目し、これらが個々の教員の「専門性」をいかに向上させ、子どもの学力達成に寄与しているかという点について検証する。

まず、第1節において子どもの学力達成と学校の取り組みについて概観した上で、第2節では、学校の組織構成員間の関係性と子どもの学力達成との影響力関係について分析する。続く第3節では、学校の組織構成員間の関係性のうち、同僚教員間において展開される指導力の向上に向けた取り組み、すなわち、教員間の組織学習の態様に着目し、これと子どもの学力達成との関係性について分析する。第4節では小括として本章における分析の結果を

138

まとめることとする。なお、本章の分析において使用するデータは、筆者が2011年11〜12月に関東地区の公立小学校校長を対象として実施した質問紙調査によるものである[44]。

第1節　子どもの学力達成と学校の取り組み

「内在的・非制度的統制」の態様が教員の専門職能の向上あるいは子どもの学力達成にどの程度寄与しているのかという点について分析を行うにあたり、まず、本調査の対象となった児童の学力達成の状況を見ておくこととする。

児童の学力達成の状況を規定する要因は、学校の内外を含め数多く存在するものと思われるが、ここでは、教員による児童の実態に応じた適切な教育実践の展開状況にかかる尺度として、以下の2項目に対する校長の認識（5段階による回答）に注目する。

・「児童の学業成績に関して、基礎的・基本的な内容の定着が徹底されている」
・「児童の学業成績に関して、必要に応じて発展的な内容が習得できている」

回答の分布は、第4章中に示した図4-1のとおりである。以下に再掲する。

なお、本調査では、各学校において児童の学力・学習状況をどのように把握しているのか、また、児童の学力・学習状況にかかるデータを学校改善上どのように活用しているのか、さらに、教員の指導方法の改善を目指した学校の取り組みの実態に関して、別途回答を得た。これらの点に関する質問項目及び回答の状況は以下の通りである。

44　当該データは、第4章における分析にも用いたものである。本調査の概要については、第4章において述べたとおりである。

第6章 「内在的・非制度的統制」の機能(2) 教員による教育活動の「専門性」にもたらされる影響　139

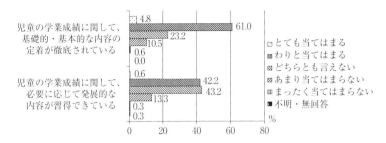

図4-1　児童の学力達成にかかる校長の認識（再掲）

(1)児童の学力・学習状況の把握方法

　「児童の学力・学習状況について、どのような方法で把握されていますか。」との問いに対して得られた回答（有効回答数315、複数回答可）の分布は以下の図6-1のとおりである。

　児童の学力・学習状況を把握するため、国や都道府県、業者が作成した問題を利用している学校は半数を超えるが、市区町村や学校で作成した問題を利用する学校は半数以下に留まる。

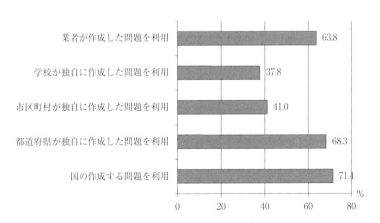

図6-1　「児童の学力・学習状況について、どのような方法で把握されていますか。」
　　　（有効回答数315、複数回答可）

(2)児童の学力・学習状況にかかるデータの活用

「児童の学力・学習状況にかかるデータについては、学校改善上どのように参考にし、活用されていますか。」との問いに対する回答（有効回答数315、複数回答可）の分布は図6-2のとおりである。

児童の学力・学習状況にかかるデータについては、指導方法の点検・改善に活用すると回答した校長が最も多く、次に、教育課程編成の工夫や保護者への説明に利用すると回答した校長が多いことがわかる。続いて、習熟度別などの指導体制の工夫に利用するとの回答が多くなっている。学級編制の際の参考にしている、あるいは、全国や自治体の平均値と比較して教員の動機

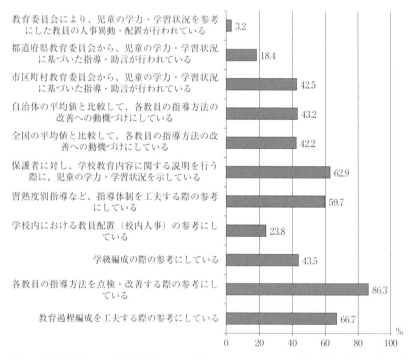

図6-2 「児童の学力・学習状況にかかるデータについては、学校改善上どのように参考にし、活用されていますか。」（有効回答数315、複数回答可）

第6章 「内在的・非制度的統制」の機能(2) 教員による教育活動の「専門性」にもたらされる影響　141

づけに利用する、また、市区町村教育委員会から児童の学力・学習状況に基づいた指導助言が行われている、と回答した校長は4割強に留まった。

　学力・学習状況にかかる調査データについて、教育実践（指導内容・指導方法・指導体制）の改善に活用する、あるいは、保護者に対し児童の学力・学習状況の説明に多く利用されている一方で、教員の動機づけを図る取り組みに活用することについては消極的である傾向がうかがえる。また、各学校の児童の学力・学習状況にかかるデータに基づき、市町村教育委員会による学校に対する指導助言がなされることもあるようであるが、人事配置上の措置が講じられるようなケースは極めて少数に留まる、といった実態もうかがえる。

⑶指導方法の改善に向けた取り組み

　各学校における指導方法の改善に向けた取り組みに関しては、次の①～⑤の問いに対して回答を得た。それぞれの回答の分布については図6-3～図6-7のとおりである。

①指導方法の改善方策として効果的であると思われる取り組み

②「研究授業を伴う校内研修（学校全体で行うもの）はどの程度実施されていますか。」

③「研究授業を伴わない校内研修（学校全体で行うもの）はどの程度実施されていますか。」

④「教員間において、指導方法の研究のために日常的に同僚の教員の授業見学は行われていますか。」

⑤「校長先生は、日頃、教員が行う授業（研究授業を除く）を平均どの程度参観されていますか。」

　まず、指導方法の改善方策について効果的であると思われるものとして最も多かった回答は研究授業を伴う校内研修であり、9割を超える校長が効果的と回答している。次いで、同僚間の相談については約3割の校長が効果的

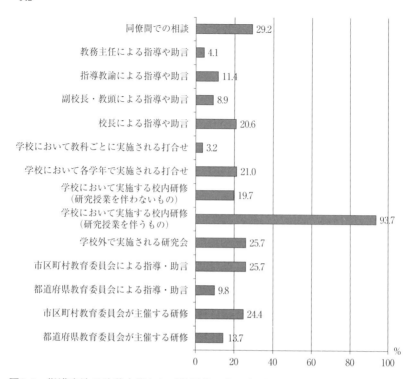

図6-3 指導方法の改善方策として効果的であると思われる取り組み（有効回答数315、上位から3つ以内で回答）

と回答している。学校内において、校長や教頭、教務主任等による指導よりも同僚間の相談を効果的な方策として挙げる校長が多いことが特徴的である。また、学校内における校長や教頭、教務主任等による指導よりも、学校外での研究会や、市区町村教育委員会による研修、指導助言を効果的な方策とする回答が多くなっている。

　なお、研究授業を伴う校内研修の頻度として、年間3～4回あるいは5～6回実施すると回答している学校が全体の約半数を占めており、また、約4割の学校がそれ以上の頻度で実施しているようである。また、校長自身が教員の授業を参観する機会は、半数の校長が1週間に1回以上と回答している

第6章 「内在的・非制度的統制」の機能(2) 教員による教育活動の「専門性」にもたらされる影響   143

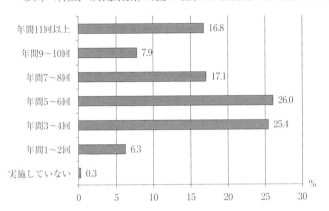

図6-4 「研究授業を伴う校内研修（学校全体で行うもの）はどの程度実施されていますか。」（有効回答数315）

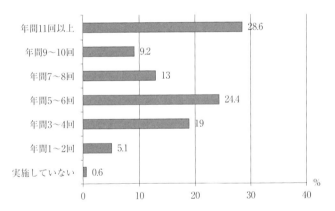

図6-5 「研究授業を伴わない校内研修（学校全体で行うもの）はどの程度実施されていますか。」（有効回答数315）

が、その一方で、同僚間での授業見学は、必要が生じたときのみ実施しているとの回答が半数強を占めている。

　校内研修や同僚間での相談は、本章において着目する「内在的・非制度的統制」の一形態と言えるが、以上の集計データからは、こうした「内在的・非制度的統制」が、教員による指導方法の改善に寄与しているとの校長認識

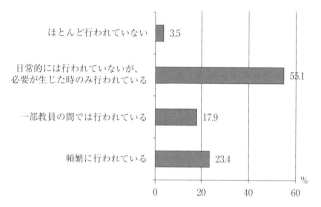

図6-6 「教員間において、指導方法の研究のために日常的に同僚の教員の授業見学は行われていますか。」（有効回答数312）

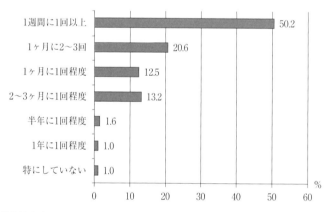

図6-7 「校長先生は、日頃、教員が行う授業（研究授業を除く）を平均どの程度参観されていますか。」（有効回答数311）

が根強く存在する様子がうかがえる。より具体的には、指導方法の改善方策として、校長や教頭、指導教諭等が実施する各教員に対する直接的な指導はあまり高く評価されておらず、それよりも、研究授業を伴う校内研修や同僚教員間における相談が有効に機能するものとして捉えられているということである。こうした「内在的・非制度的統制」の態様は、実際に、子どもの学

力達成にどの程度の影響をもたらしているのだろうか。

第2節　学校の組織構成員間の関係性と子どもの学力達成

　本節では、子どもの学力達成に対し、学校における「内在的・非制度的統制」がいかなる影響をもたらしているのか、学校の組織構成員間の関係性、すなわち、学校の教育活動における校長－教員間あるいは同僚教員間の関係性に注目し検証を行う。

　学校の組織構成員間の関係性については、次の9項目に対する校長の回答（「1＝まったく当てはまらない」～「5＝とても当てはまる」の5段階）によって把握することとする。(1)～(3)は、学校改善・学校経営に関する取り組みにかかる校長と教員との関係性を尋ねたもの、(4)～(6)は児童に対する指導方法にかかる校長と教員との関係性を尋ねたもの、(7)は同僚の教員間の関係性に対する校長の認識を尋ねたものである。各変数の記述統計量については表6-1のとおりである。

(1)学校の教員とのコミュニケーションから、学校改善に向けたアイディアを得ることがある

(2)学校改善に向けた取り組みにあたり、教員からの協力が得られにくいと感じる

(3)校長と教員との間において、業務上の円滑なコミュニケーションがとれている

(4)児童に対する指導方法は、もっぱら個々の教員の裁量に任せている

(5)児童に対する指導方法に関して、教員から相談を受けることが多くある

(6)個々の児童に対する指導方法に関して、教員と意見が対立した時は、教職員の判断を尊重することが多い

(7)学習指導や生徒指導、学級経営の方法等、同僚の教員間で日頃から気軽に業務の相談をし易い雰囲気がある

146

表6-1 記述統計量

	度数	最小値	最大値	平均値	標準偏差
児童の学業成績に関して、基礎的・基本的な内容の定着が徹底されている	315	1	5	3.590	0.766
児童の学業成績に関して、必要に応じて発展的な内容が習得できている	314	1	5	3.300	0.714
学校の教員とのコミュニケーションから、学校改善に向けたアイディアを得ることがある	314	1	5	3.790	0.621
学校改善に向けた取組みにあたり、教員からの協力が得られにくいと感じる	313	1	5	2.310	0.786
校長と教員との間において、業務上の円滑なコミュニケーションがとれている	314	1	5	3.930	0.558
児童に対する指導方法は、もっぱら個々の教員の裁量に任せている	313	1	5	2.660	0.869
児童に対する指導方法に関して、教員から相談を受けることが多くある	312	1	5	3.490	0.765
個々の児童に対する指導方法に関して、教員と意見が対立した時は、教職員の判断を尊重することが多い	314	1	5	2.840	0.721
学習指導や生徒指導、学級経営の方法等、同僚の教員間で日頃から気軽に業務の相談をしやすい雰囲気がある	314	2	5	4.030	0.499
指導の方法・内容について同僚の教員間で相互に支援がなされているようである	314	1	5	3.950	0.560
教材研究や単元開発について、同僚の教員間で相互に支援がなされているようである	313	1	5	3.840	0.642
同僚教員間における授業見学の頻度	313	1	4	2.607	0.886
全校児童数	314	19	1112	393.670	236.371

　これら(1)〜(7)の質問に対する校長の回答を説明変数、児童の学力達成にかかる校長の認識を被説明変数として順序プロビット分析を行った結果が表6-2と表6-3である。分析にあたっては、学校規模が、学校の教育活動の成果としての児童の学力達成にもたらす影響を考慮し、統制変数として、学校規

第 6 章 「内在的・非制度的統制」の機能 (2) 教員による教育活動の「専門性」にもたらされる影響　147

表6-2　基礎的・基本的な学習内容の定着の程度と学校の組織構成員間の関係性（順序プロビット分析の結果）

	B	標準誤差	有意確率
［閾値 = 1］	0.430	0.936	0.646
［閾値 = 2］	1.767	0.919	0.055
［閾値 = 3］	2.617	0.924	0.005
［閾値 = 4］	4.834	0.947	0.000
学校の教員とのコミュニケーションから、学校改善に向けたアイディアを得ることがある	0.129	0.116	0.265
学校改善に向けた取組みにあたり、教員からの協力が得られにくいと感じる	−0.046	0.094	0.629
校長と教員との間において、業務上の円滑なコミュニケーションがとれている	0.308	0.129	0.017
児童に対する指導方法は、もっぱら個々の教員の裁量に任せている	−0.027	0.082	0.740
児童に対する指導方法に関して、教員から相談を受けることが多くある	0.002	0.089	0.979
個々の児童に対する指導方法に関して、教員と意見が対立した時は、教職員の判断を尊重することが多い	0.041	0.095	0.664
学習指導や生徒指導、学級経営の方法等、同僚の教員間で日頃から気軽に業務の相談をしやすい雰囲気がある	0.362	0.143	0.012
全校児童数	0.000	0.000	0.605
N			309
− 2 対数尤度			622.234
カイ 2 乗（有意確率）			26.854(0.001)
疑似決定係数			0.095

模を示す「全校児童数」を投入する。

　まず、基礎的・基本的な学習内容の定着状況について。表6-2の分析結果から、大きな関連性が見られる「内在的・非制度的統制」に関する項目としては、校長と教員間における業務上の円滑なコミュニケーションの程度や、同僚教員間で相談がし易い雰囲気の程度であり、教員から学校改善に向けたアイディアを得ることがあるかどうかにかかる項目については統計的に有意な影響力を持たないことがわかった。つまり、児童の学力達成について、基

表6-3 発展的な学習内容の習得の程度と学校の組織構成員間の関係性（順序プロビット分析の結果）

	B	標準誤差	有意確率
［閾値 = 1 ］	−0.669	0.949	0.481
［閾値 = 2 ］	1.052	0.906	0.246
［閾値 = 3 ］	2.402	0.912	0.008
［閾値 = 4 ］	4.817	0.959	0.000
学校の教員とのコミュニケーションから、学校改善に向けたアイディアを得ることがある	0.309	0.116	0.008
学校改善に向けた取組みにあたり、教員からの協力が得られにくいと感じる	0.030	0.093	0.746
校長と教員との間において、業務上の円滑なコミュニケーションがとれている	0.166	0.127	0.191
児童に対する指導方法は、もっぱら個々の教員の裁量に任せている	−0.101	0.081	0.214
児童に対する指導方法に関して、教員から相談を受けることが多くある	0.012	0.088	0.888
個々の児童に対する指導方法に関して、教員と意見が対立した時は、教職員の判断を尊重することが多い	−0.110	0.094	0.239
学習指導や生徒指導、学級経営の方法等、同僚の教員間で日頃から気軽に業務の相談をしやすい雰囲気がある	0.150	0.141	0.287
全校児童数	0.001	0.000	0.029
N			308
− 2 対数尤度			619.282
カイ 2 乗（有意確率）			27.179（0.001）
疑似決定係数			0.096

礎的・基本的な学習内容の定着の徹底に関しては、校長を含めた学校の組織構成員間において、コミュニケーションがとり易い状況となっているかどうかによって大きく左右される可能性が高いものと考えられる。

　続いて、必要に応じた発展的な学習内容の習得状況について。表6-3の分析結果から、最も大きな関連性が見られるのは、基礎的・基本的な学習内容の定着状況の場合と異なり、教員から学校改善に向けたアイディアを得ることがあるかどうかに関する項目であり、この項目について肯定的な回答をす

る校長ほど、発展的な学習内容の習得がなされていると回答していることがわかった。また、基礎的・基本的な学習内容の定着状況と大きな関連性が見られた、校長と教員間における業務上の円滑なコミュニケーションの程度や、同僚教員間で相談がし易い雰囲気の程度といった項目も含め、その他の項目に関しては統計的に有意な影響力を認めることはできなかった。つまり、児童による発展的な学習内容の習得を促進する上では、学校の組織構成員間における円滑なコミュニケーションよりも、個々の教員の意向を反映した学校の意思決定がなされているかどうかが重要な要素となり得るということである。

なお、各変数の影響力を具体的に評価するため、説明変数が変化した際の確率関数の変動を推計する。推計の結果は図6-8、図6-9のとおりである。グラフより、校長－教員間の円滑なコミュニケーションの程度についての回答が、最小値をとる場合に比べ最大値をとる場合に、基礎的・基本的な学習内

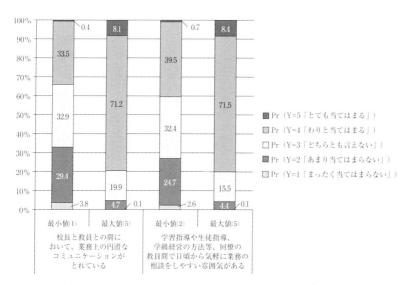

図6-8　基礎的・基本的な学習内容の定着の程度と学校の組織構成員間の関係性

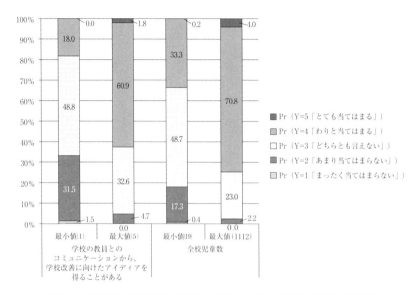

図6-9 発展的な学習内容の習得の程度と学校の組織構成員間の関係性

容の定着の程度について肯定的な回答をする確率が45.4％ほど高くなっており、同様に、同僚教員間における相談のし易さについての回答が最小値をとる場合に比べ最大値をとる場合には39.7％ほど高くなっていることがわかる。また、校長が教員とのコミュニケーションから学校改善に向けたアイディアを得る程度についての回答が、最小値をとる場合に比べ最大値をとる場合に、発展的な学習内容の習得の程度について肯定的な回答をする確率は44.7％ほど高くなっており、同様に、全校児童数が最小値をとる場合に比べ最大値をとる場合には41.3％ほど高くなっている。

基礎的・基本的な学習内容の定着の程度については、校長−教員間のコミュニケーションの程度や同僚教員間における相談のし易さとの間に大きな影響力関係が観察されたのに対し、発展的な学習内容の習得の程度については、校長−教員間におけるコミュニケーションの程度等はそれほどの影響力を持たず、校長が教員から学校改善のアイディアを得る程度や全校児童数と

の間に影響力関係が観察されたのはなぜか。

　基礎的・基本的な学習内容は、発展的な学習内容と異なり、すべての児童に必ず定着させることが求められる学習内容である。そのため、個々の教員に求められる学習指導の方法や課題とされる事柄についても教員間で共有され易く、ベテランの教員による若手の教員に対する助言等も含め、教員間での相互支援の機会を多く確保し得るものと考えられる。こうした教員間でのコミュニケーションや相談などの相互支援が活発になされ、個々の教員の指導力が高められることが、学校全体の児童の基礎学力の底上げにつながっているものと考えられる。

　他方で、発展的な学習内容については、個々の児童によって求められる指導内容が異なるため、教員間でもその課題を共有することが難しく、教員間でのコミュニケーションや相談などの相互支援の機会が活用されにくいのではないか。児童の学習状況や保護者の要求等を踏まえながら、個々の児童について必要とされる発展的な学習内容をそれぞれの教員が判断して指導しなければならず、教員間で方法や課題を共有することよりも、個々の児童に対する教員の専門的判断の在り方が問われる。個々の教員による自律的な教育実践こそが、発展的な学習内容の習得の促進に寄与しているものと考えられるのである。すなわち、発展的な学習内容の習得が促進されている学校では、日常の教育実践に関して個々の教員に任される判断が多いということである。それゆえに、発展的な学習内容の習得が促進されている学校では、校長は、学校改善に向けて個々の教員のアイディアを参考にする傾向が強く見受けられるのではないだろうか。

　この点を踏まえるならば、全校児童数、すなわち学校規模及び教員集団の規模が大きいほど、発展的な学習内容の習得が促進されるという分析結果についても納得し得る。というのも、教員集団の規模が大きいほど、個々の教員のキャリアや年代が多様化しているものと想定され、そのような学校においては、学校組織内部における教員間の関係性が、個々の教員の「専門性」

152

を向上させるものとして有効に機能し易くなると考えられるためである。

第3節　学校の組織構成員間における組織学習と子どもの学力達成

　続いて、学校の組織構成員間の関係性のうち、同僚教員間において展開される指導力の向上に向けた協働的な取り組み、すなわち、組織学習が、児童の学力達成にどのような影響をもたらしているのか検証を試みる。

　分析にあたり、前節でも用いた児童の学力達成の状況にかかる2つの変数を被説明変数とする。また、教員間の組織学習の態様の尺度として、指導方法・内容に関する教員間の相互支援、教材研究や単元開発に関する教員間の相互支援、教員間で実施される授業見学の頻度の3点に着目し、それぞれ以下の問いに対する校長の回答を説明変数として用いる。

　⑴「指導の方法・内容について同僚の教員間で相互に支援がなされているようである。」（「1＝まったく当てはまらない」～「5＝とても当てはまる」の5値の順序変数）

　⑵「教材研究や単元開発について、同僚の教員間で相互に支援がなされているようである。」（「1＝まったく当てはまらない」～「5＝とても当てはまる」の5値の順序変数）

　⑶「教員間において、指導方法の研究のために日常的に同僚の教員の授業見学は行われていますか。」（「1＝ほとんど行われていない」、「2＝日常的には行われていないが、必要が生じた時のみ行われている」、「3＝一部教員の間では行われている」、「4＝頻繁に行われている」の4値の順序変数）

　以上の変数のほか、統制変数として「全校児童数」を投入する。

　なお、前節で検証した教員間の関係性は、教員間の組織学習の態様にも大いに影響を与えることが想定される。教員間において日頃から活発にコミュニケーションが図られている学校では、指導力の向上に向けた協働的な取り

組みも円滑に進められ易いものと考えられるということである。そこで、本節における分析は2段階に分けて行う。まず、教員間の組織学習の態様に関する変数と全校児童数のみを投入した分析を行い、続いて、教員間の日常的な関係性を統制するため、教員間の組織学習の態様に関する変数及び全校児童数に加え、コミュニケーションの態様など教員間の関係性にかかる変数を投入した分析を行うこととする。

表6-4、表6-5は順序プロビット分析の結果である。それぞれの表における左側の数値が第一段階（教員間の組織学習の態様にかかる変数と全校児童数のみを説明変数としたモデル）の分析結果、右側の数値が、第二段階（教員間の組織学習の態様にかかる変数と全校児童数に加え、教員間のコミュニケーションの態様にかかる変数を説明変数としたモデル）の分析結果である。

まず、第一段階の分析結果に注目すると、教員間の組織学習の態様について、指導の方法・内容にかかる教員間の相互支援が活発になされているとされる学校ほど、基礎的・基本的な学習内容と発展的な学習内容のいずれについてもその習得が促進されている様子がうかがえ、その影響力は、基礎的・基本的な学習内容の修得状況に対してより大きなものとなっていることが明らかとなった。しかし、教材研究や単元開発にかかる教員間の相互支援や教員間における授業見学の頻度に関しては、児童の学力達成との間に特段の関係性は見受けられない。一方、第二段階の分析結果からは、これら教員間の組織学習の態様が、児童の学力達成に対し統計的に有意な影響をもたらす様子をうかがうことはできない。この点から考えられるのは、第一段階での分析において、児童の学力達成に対し影響力を持つことが観察された組織学習の態様、すなわち指導内容や方法に関する教員間での相互支援の態様は、校長－教員間あるいは教員間のコミュニケーションの多寡との間に大きな影響力関係を有しているということである。児童の学力達成を促進し得る、指導の方法・内容にかかる教員間の相互支援は、学校の組織構成員間におけるコミュニケーションの在り方によってその有効性が左右されるとも言えるだろう。

表6-4 基礎的・基本的な学習内容の定着の程度と教員間の組織学習の態様との関係性（順序プロビット分析の結果）

	B	標準誤差	有意確率	B	標準誤差	有意確率
［閾値 = 1］	− 0.913	0.535	0.088	0.669	0.963	0.487
［閾値 = 2］	0.395	0.495	0.425	2.014	0.947	0.034
［閾値 = 3］	1.217	0.497	0.014	2.868	0.952	0.003
［閾値 = 4］	3.361	0.523	0.000	5.089	0.976	0.000
指導の方法・内容について同僚の教員間で相互に支援がなされているようである	0.446	0.147	0.002	0.216	0.162	0.184
教材研究や単元開発について、同僚の教員間で相互に支援がなされているようである	− 0.004	0.129	0.975	− 0.046	0.134	0.732
同僚教員間における授業見学の頻度	− 0.016	0.076	0.831	− 0.053	0.079	0.500
学校の教員とのコミュニケーションから、学校改善に向けたアイディアを得ることがある	−	−	−	0.107	0.123	0.385
学校改善に向けた取組みにあたり、教員からの協力が得られにくいと感じる	−	−	−	− 0.042	0.095	0.656
校長と教員との間において、業務上の円滑なコミュニケーションがとれている	−	−	−	0.305	0.129	0.018
児童に対する指導方法は、もっぱら個々の教員の裁量に任せている	−	−	−	− 0.021	0.083	0.795
児童に対する指導方法に関して、教員から相談を受けることが多くある	−	−	−	0.003	0.091	0.972
個々の児童に対する指導方法に関して、教員と意見が対立した時は、教職員の判断を尊重することが多い	−	−	−	0.047	0.095	0.625
学習指導や生徒指導、学級経営の方法等、同僚の教員間で日頃から気軽に業務の相談をしやすい雰囲気がある	−	−	−	0.297	0.153	0.051
全校児童数	0.000	0.000	0.589	0.000	0.000	0.826
N			311			307
− 2 対数尤度			631.426			617.988
カイ 2 乗（有意確率）			15.065(0.005)			29.125(0.002)
疑似決定係数			0.054			0.103

第6章 「内在的・非制度的統制」の機能(2) 教員による教育活動の「専門性」にもたらされる影響 155

表6-5 発展的な学習内容の習得の程度と教員間の組織学習の態様との関係性（順序プロビット分析の結果）

	B	標準誤差	有意確率	B	標準誤差	有意確率
［閾値＝1］	−1.175	0.576	0.041	−0.644	0.976	0.509
［閾値＝2］	0.483	0.493	0.326	1.061	0.934	0.256
［閾値＝3］	1.782	0.499	0.000	2.414	0.939	0.010
［閾値＝4］	4.177	0.577	0.000	4.839	0.986	0.000
指導の方法・内容について同僚の教員間で相互に支援がなされているようである	0.273	0.145	0.059	0.039	0.160	0.808
教材研究や単元開発について、同僚の教員間で相互に支援がなされているようである	0.044	0.127	0.731	0.027	0.132	0.838
同僚教員間における授業見学の頻度	0.072	0.076	0.341	0.030	0.078	0.704
学校の教員とのコミュニケーションから、学校改善に向けたアイディアを得ることがある	−	−	−	0.274	0.122	0.025
学校改善に向けた取組みにあたり、教員からの協力が得られにくいと感じる	−	−	−	0.020	0.093	0.831
校長と教員との間において、業務上の円滑なコミュニケーションがとれている	−	−	−	0.165	0.127	0.194
児童に対する指導方法は、もっぱら個々の教員の裁量に任せている	−	−	−	−0.096	0.082	0.238
児童に対する指導方法に関して、教員から相談を受けることが多くある	−	−	−	0.001	0.090	0.995
個々の児童に対する指導方法に関して、教員と意見が対立した時は、教職員の判断を尊重することが多い	−	−	−	−0.114	0.094	0.228
学習指導や生徒指導、学級経営の方法等、同僚の教員間で日頃から気軽に業務の相談をしやすい雰囲気がある	−	−	−	0.126	0.150	0.400
全校児童数	0.000	0.000	0.116	0.001	0.000	0.059
N			310			306
−2対数尤度			628.333			613.804
カイ2乗（有意確率）			12.445（0.014）			27.004（0.005）
疑似決定係数			0.045			0.096

第4節　小括

　学校における「内在的・非制度的統制」は、同僚教員間における相互支援など水平的な関係性と、校長−教員間における垂直的な関係性の2つに類型化できるものと言えるだろう。そして、この2つの関係性の在り方は、それぞれに子どもの学力達成に対し異なった形で影響をもたらしている。水平的な関係性、垂直的な関係性のいずれにおいても円滑なコミュニケーションが図られている学校ほど、基礎的・基本的な学習内容の定着が促進される傾向が見受けられるが、発展的な学習内容の習得の促進に関しては、水平的なコミュニケーションはそれほど重要な決定要因となっているわけではない。それよりも、垂直的な関係性におけるボトム・アップ型のコミュニケーションが重要な決定要因となっており、これを支える教員集団の規模の確保が重要となるものと考えられる。また、教員間の組織学習、すなわち、指導方法・内容にかかる教員間の相互支援の展開といった要素も、子どもの学力達成を促進する実態があることがうかがえるが、こうした組織学習の機能は、教員間の円滑なコミュニケーションが日常的に展開されていることを前提としているものと考えられる。

　以上のような分析結果を踏まえると、学校組織内部における校長の権限を強化することによって、学校アカウンタビリティの保障を志向する学校経営改革の動向については、やはり無条件に肯定できるものとは言えないだろう。単に、学校組織における校長の影響力を強めることに留まらず、学校の組織構成員間における垂直的な関係性の中でボトム・アップ型のコミュニケーションが図られることや、水平的な関係性において円滑なコミュニケーションの充実が図られることが、教員間の組織学習、ひいては子どもの学力達成に向けて重要な要素となるのであり、学校のアカウンタビリティを向上させる上で不可欠であるものと言える。

そして、新たに研究上の課題として挙げられるのは、学校の組織構成員間における水平的な関係性の構築、そして、垂直的な関係性におけるボトム・アップ型のコミュニケーション、さらには、これらの条件によって支えられる組織学習が、具体的にどのような環境の下で促進され得るのかという点について究明することである。

第7章 「内在的・制度的統制」が「内在的・非制度的統制」にもたらす影響
―「教員間の協働」の決定要因―

　本章では、前章において新たに研究上の課題として指摘された点、すなわち、学校の組織構成員間における水平的な関係性の構築、そして、垂直的な関係性におけるボトム・アップ型のコミュニケーション、さらにはこれらの条件によって支えられる組織学習が、具体的にどのような環境の下で促進され得るのかという点について検証を試みる。

　教員集団における水平的な関係性や同僚教員間における相互支援、組織学習については、教員の専門性を支える手段であるところの「教員間の協働」として従来より注目されてきたものである。ただ、第2章において指摘したように、この教員間の協働を促進する条件については、校長のリーダーシップの在り方など、学校組織内部における経営過程変数のみに焦点を当てた研究が少なくない。前章での分析結果からも、組織学習などにみられる「教員間の協働」は、学校組織構成員間における日常の双方向的かつ円滑なコミュニケーション等を前提として成立することが確認されている。無論、本研究は、学校組織内部における経営過程変数による影響を否定するものではない。しかし、こうした学校組織内部における経営過程変数それ自体が何によって規定されているのか明らかにされてきたわけではないのである。

　本章では、学校組織内部における経営過程変数あるいは「教員間の協働」を規定する要因として、学校組織を取り巻く社会的・制度的環境に着目する。例えば、校長のリーダーシップそれ自体は何によって醸成されるのかを問う場合、我が国において校長の資質や力量を担保する仕組みが特に存在するわけではなく、その職能成長に関しては他の教員と同様、人事制度の下で

の個人の努力に任されている面が大きい。さらに、学校の自主性・自律性の確立を目指した教育改革下にあっても、基準設定や指導助言、教員人事等を通して地方行政機関（都道府県教育委員会、教育事務所、市町村教育委員会）と公立学校が密接に関わっている日本的制度の下で、学校組織内部の経営過程にこれらが大きな影響をもたらしている可能性は否めず、こうした社会的・制度的環境が学校組織内部の経営過程あるいは「教員間の協働」にどの程度の影響をもたらしているのか明らかにすることは、教員の職能開発や学校改善の方策を検討する際の一助となるものと考える。

　本章では、第1節において、分析にあたり着目する変数を整理した上で、第2節及び第3節において分析を行う。分析においては、まず、これまで「教員間の協働」を規定する要因として捉えられてきた学校組織内部の経営過程変数—校長-教員間での円滑なコミュニケーションの程度や同僚教員間における業務の相談のし易さ、学校改善における教員のアイディアの参考度—について、これらが学校組織を取り巻く社会的・制度的環境によってどの程度規定されているのかという点について検証する。続いて、個々の教員の指導力などその専門性を高めるとして注目されてきた組織学習にみられる「教員間の協働」の態様に着目し、これに対して社会的・制度的環境がもたらし得る影響について検証する。そして、第4節において、これらの分析結果について考察を行う。

　本章の分析において用いるデータは、筆者らが2011年11～12月に実施した質問紙調査によるものである[45]。

45　調査の概要は、第4章及び第6章において述べたとおりである。

　　なお、小学校校長を調査対象とした点に関して、まず、小学校を選定したのは、公立の義務教育諸学校においては、一般的に、教科担任制を採用する中学校よりも学級担任制を採用する小学校の方が、本研究において協働の態様として注目する、教員間の相互支援をより重視する傾向にあると考えられてきたためである。また、学校組織経営における最終責任者である校長の行動は、教員との間に相互関係を有するものと考えられ、同時に、校長は、教育委員会による関与・支援など外部環境と学校との接点に立つ。学校内部における教員間の協働と、学校を取り巻く社会的・制度的環境との関係性を分析するにあたっては、双方の変数について校長の認知に基づき測定することが妥当と考えられ、校長を回答者として調査を実施することとした。

第1節　学校組織構成員間の関係性と社会的・制度的環境

　本章では、前章における分析でも着目した学校組織構成員間の関係性、す
なわち、校長–教員間あるいは同僚教員間におけるコミュニケーションの態
様など「学校組織内部の経営過程」及び組織学習にみられる「教員間の協
働」の態様に着目する。

　「学校組織内部の経営過程」については、①校長–教員間での円滑なコミュ
ニケーションの程度や②同僚教員間における業務の相談のし易さ、③学校改
善における教員のアイディアの校長による参考の程度をその指標とする。ま
た、「教員間の協働」については、具体的には、教員間での授業見学の頻度
など、組織学習の機会をどの程度確保しているかに加え、指導方法・内容な
ど専門的知識・技術の教員間での伝達や教育課題の調整・共有を目的とした
ものか、それとも、文部科学省や教育委員会によって基準が設定される教育
課程や教材についての研究など各学校の実態に応じて教員の工夫が求められ
る事柄に関わるものか、といった組織学習の目指す内容の違いについても考
慮する。そして、こうした学校組織構成員間の関係性—学校組織内部の経営
過程あるいは教員間の協働—に対し、社会的・制度的環境がどの程度の影響
を与えるのかという点について検証を行うこととする。

　社会的・制度的環境に関する変数について、ここでは、Bryk らの研究で
も着目された教員集団の規模などの条件に加え、先述のような我が国の制度
的文脈に鑑み、教員の配置状況、校長の在任年数、教育委員会による学校へ
の指導助言の態様といった条件に着目する。詳細は次のとおりである。

⑴教員集団の規模や構成（教員の異動・配置状況）

　教員集団の規模について、米国などにおける教育成果や教員の意識・態度
面を被説明変数とした実証分析では、小規模学校に肯定的効果を想定するこ
とが多い（Bryk et al. 1999 など）が、その一方で、教員数の多い学校ほど教

員の自己効力感が高められるなど、大規模学校に肯定的効果を想定する研究も見られる（Lee et al. 1991 など）。教員集団規模が小さい方が、個々の教員間における密接な関係性が構築され易いと考えられるものの、前章においても検討したように、教員集団規模が大きければ、キャリアや世代の異なる教員間の相互支援の機会が増えるといった解釈も成り立ち、教員集団の規模に関して明確な仮説を提示するのは難しい。ただ、教員集団の構成に関して言えば、教員の経験や学校での役割等に応じた教員配置がなされるほど、教員間での協働が適切に行われ易くなり、経験豊富な教員と若手教員の配置の適正バランスなどの条件についての解明が待たれるところとなる。また、校長が、学校における指導的なリーダーシップの発揮や組織学習の場の構築という面で他の教員よりも長じていると考えるならば、校長の経験年数や勤務校における在任年数が長い学校ほど教員間の協働が生じ易いと想定できる。

⑵教育委員会による学校への指導助言、支援

　従来の研究において、指導主事による指導助言が教員の実践に合っていないケースが指摘される中で（加治佐 1998）、学校運営や指導方法に関して、専門的知識・技術に基づく教育委員会の指導助言や支援が、学校にとって有効性が高いと認識される場合には、教員の職能向上に対する意欲が高められ、教員間の協働も活発化すると考えられる。また、教育委員会が設定する基準が、学校における教育活動の自主性・自律性を阻んでいないことも重要となるものと考えられる。教育委員会による指導助言や支援等が教員間の協働を促す可能性と限界について、教員間の協働の態様に即して明らかにする必要がある。

⑶保護者の教育関心

　Bryk らの研究を敷衍すれば、保護者の学校教育への関心の高さによっても、教員間の協働の態様が左右されると考えられる。学校教育の実施に保護者の協力が得られ易い場合、教員が学校における教育活動や授業づくりに専念でき、教員間の協働が促進される、あるいは、保護者の高い期待が教員の

第7章 「内在的・制度的統制」が「内在的・非制度的統制」にもたらす影響 163

職能向上に励む契機となって、教員間の協働を促進するとも考えられる。

第2節 社会的・制度的環境が学校組織内部の経営過程にもたら す影響

　ここでは、第5章の分析において児童の学力達成に影響をもたらす可能性があることが明らかとなり、また、第6章の分析において教員間の組織学習の展開を支える前提条件となり得ることが指摘された学校組織内部の経営過程変数、すなわち、①校長‐教員間での円滑なコミュニケーションの程度や②同僚教員間における業務の相談のし易さ、③学校改善における教員のアイディアの校長による参考の程度について、これらが学校組織を取り巻く社会的・制度的環境によってどの程度規定されているのかという点について検証する。

　学校組織内部の経営過程変数である①～③については、いずれも「1=まったく当てはまらない」～「5=とても当てはまる」の5段階で回答を得ている。

　これらを被説明変数として分析を行うが、本研究の焦点となる説明変数については、先述の3つの社会的・制度的環境—(1)教員集団の規模と構成（教員の異動・配置状況)、(2)教育委員会による学校への指導助言、支援、(3)保護者の教育関心—にかかる校長の回答を用いる。また、本分析では、被説明変数の文脈的な規定要因を考慮する立場から、学校の所在する地域の特性にかかる変数を統制変数として投入する。それぞれの変数の詳細は以下の通りである。

(1)教員集団の規模と構成

　・教員数

　・教員数に占める20代教員数の割合

　・教員の人事配置に関する校長の認識（「1=まったく当てはまらない」～「5=

とても当てはまる」）

　　「教員の人手が不足しており、業務量の多さに対応できていない」

　　「経験豊富な教員が不足し、支障が生じている」

・校長の人事上の属性

　　校長職経験年数

　　勤務校における在任年数

(2)教育委員会による指導助言、支援（「1＝まったく当てはまらない」～「5＝とても当てはまる」）

・「教育委員会から、学校運営に関して適切な指導・助言が受けられている」

・「教育課程の編成・実施にあたり教育委員会の示す基準・方針が学校の教育活動の制約になっている」

・「学校予算の配分状況が、学校が自主的な教育活動に取り組む上での制約になっている」

(3)保護者の教育関心

・「学校が行う教育活動の内容に関心が高い保護者が多い」（「1＝まったく当てはまらない」～「5＝とても当てはまる」）

・学級保護者会への平均的な参加率（「1＝2割未満」、「2＝2割以上4割未満」、「3＝4割以上6割未満」、「4＝6割以上8割未満」、「5＝8割以上」）

・学校行事への保護者の平均的な参加率（同上）

(4)地域特性（統制変数）

　学校の所在する市区町村の人口規模、政令指定都市か否かに加え、学校周辺地域の特性（質問紙調査において、「農林漁業地域」、「工業地域」、「都市郊外の住宅地域」、「都市中心部の住宅地域」、「都市中心部の商業地域」の中から選択された回答による。本分析では、「工業地域」をレファレンスカテゴリーとした。）に関する変数を統制変数として投入する。

　各変数の記述統計量については、表7-5（章末）を参照されたい。

第7章 「内在的・制度的統制」が「内在的・非制度的統制」にもたらす影響　165

　社会的・制度的環境が学校組織内部の経営過程変数にもたらす影響に関する順序プロビット分析の結果は表7-1の通りである。

　統計的に有意な影響力を持つ変数として、まず、①校長-教員間での円滑なコミュニケーションの程度に対しては、経験豊富な教員の配置にかかる認識が挙げられる。経験豊富な教員の配置状況について不満の少ない校長ほど、校長-教員間での円滑なコミュニケーションが図られているとの回答をしていることがわかる。また、②同僚教員間における業務の相談のし易さに関しても同様に、経験豊富な教員の配置状況について不満の少ない校長ほど、同僚教員間において業務の相談がし易い雰囲気があると回答している。垂直的なコミュニケーションであっても、水平的なコミュニケーションであっても、経験豊富な教員の配置状況に不満のない学校ほど、これらが円滑に行われる傾向があることがうかがえる。指導的な立場に立つことのできる経験豊富な教員が多く配置されているほど、同僚教員間での相談が成立し易くなるということに加え、経験豊富な教員が、若手教員と校長との“橋渡し”的な役割を果たす等の事情から、校長-教員間の円滑なコミュニケーションを促進しているものと考えられる。

　さらに、③学校改善における教員のアイディアの校長による参考の程度については、経験豊富な教員の配置状況にかかる認識のみならず、教育委員会による学校運営に関する指導助言の適切性にかかる認識や、保護者による学校行事への参加の程度、そして、学校が所在する市区町村の人口規模、政令指定都市か否か、といった変数が統計的に有意な影響力を持つようである。経験豊富な教員が適切に配置されているというだけでなく、教育委員会によって学校運営に関する指導助言が適切になされている、あるいは、保護者による学校行事への参加が活発になされている学校ほど、校長-教員間におけるボトム・アップ型の意思決定が促進されている様子がうかがえる。さらに、学校の所在する市区町村の規模が大きいほど、校長は学校改善において教員のアイディアを参考にしているようであるが、この傾向は政令指定都市

表7-1　社会的・制度的環境が学校組織内部の経営過

	①校長-教員間での円滑なコミュニケーションの程度		
	B	標準誤差	有意確率
［閾値＝1］	-2.711	1.125	0.016
［閾値＝2］	-1.974	1.086	0.069
［閾値＝3］	-1.075	1.077	0.318
［閾値＝4］	1.617	1.080	0.134
教員数	-0.004	0.010	0.696
20代教員の割合（％）	0.006	0.008	0.487
教員の人手不足への不満	-0.063	0.086	0.465
経験豊富な教員配置への不満	-0.187	0.085	0.028
校長の校長職経験年数	-0.007	0.030	0.806
校長の勤務校在任年数	0.043	0.054	0.423
教委による学校運営に関する指導助言の適切性	0.103	0.120	0.392
教委の方針による教育課程の編成・実施への制約	-0.011	0.113	0.925
学校予算の配分による教育活動への制約	-0.033	0.104	0.750
保護者の学校教育活動への関心	0.180	0.117	0.124
保護者会への参加の程度	-0.083	0.101	0.408
学校行事への参加の程度	0.098	0.106	0.356
学校が所在する市区町村の人口（万人）	0.001	0.002	0.414
政令指定都市（ダミー変数）	-0.180	0.422	0.670
農林漁業地域（ダミー変数）	-0.385	0.788	0.625
都市郊外の住宅地域（ダミー変数）	-0.507	0.771	0.510
都市中心部の住宅地域（ダミー変数）	0.069	0.791	0.930
都市中心部の商業地域（ダミー変数）	-0.010	0.873	0.991
N			283
-2対数尤度			391.424
カイ2乗（有意確率）			22.494（0.211）
疑似決定係数			0.099

程変数にもたらす影響（順序プロビット分析の結果）

②同僚教員間における業務の相談のし易さ			③学校改善における教員のアイディアの校長による参考の程度		
B	標準誤差	有意確率	B	標準誤差	有意確率
–	–	–	− 0.379	1.055	0.720
− 2.787	1.082	0.010	0.652	1.008	0.518
− 1.486	1.052	0.158	1.840	1.010	0.068
1.046	1.050	0.319	4.375	1.036	0.000
0.010	0.010	0.297	0.009	0.009	0.337
0.014	0.008	0.078	0.003	0.008	0.742
− 0.051	0.084	0.539	0.050	0.082	0.537
− 0.287	0.084	0.001	− 0.234	0.081	0.004
0.055	0.030	0.069	− 0.023	0.029	0.426
0.011	0.053	0.828	0.008	0.052	0.878
0.210	0.119	0.077	0.401	0.115	0.001
− 0.081	0.111	0.467	0.027	0.108	0.806
0.004	0.101	0.972	− 0.053	0.099	0.592
− 0.046	0.114	0.685	0.124	0.111	0.263
0.077	0.099	0.434	− 0.003	0.096	0.978
− 0.110	0.104	0.294	0.237	0.101	0.018
0.001	0.002	0.667	0.005	0.002	0.001
0.155	0.413	0.708	− 1.166	0.394	0.003
− 0.052	0.763	0.945	0.169	0.724	0.816
− 0.300	0.746	0.688	− 0.198	0.706	0.779
− 0.074	0.767	0.923	0.142	0.728	0.845
0.030	0.846	0.972	0.147	0.806	0.855
		283			283
		393.202			446.325
	30.349（0.034）			45.261（0.000）	
		0.131			0.179

には当てはまらないことも明らかとなっている。市区町村規模の大きい都市
部の学校ほど、校長-教員間におけるボトム・アップ型の意思決定が促進さ
れている点については、都市部ほど保護者の教育関心が多様であり、これを
反映した個々の教員のアイディアが重視されていることによるものではない
かとも考えられるが、政令指定都市においてはその限りではない。自治体規
模が政令指定都市ほどに大きくなると、教育委員会による指導助言の適切性
が確保されない、あるいは、政令指定都市が教員の人事権を有することによ
り、県下における市区町村よりも経験豊富な人事配置等に制約が生じている
等の事情があることも考えられる。

第3節　社会的・制度的環境が教員間の協働にもたらす影響

　続いて、社会的・制度的環境が教員間の協働にもたらす影響について分析
する。

　まず、被説明変数にあたる教員間の協働に関しては、①指導方法・内容に
関する教員間の相互支援（設問：「指導の方法・内容について、同僚の教員間で相
互に支援がなされている。」）、②教材研究・単元開発に関する教員間の相互支
援（設問：「教材研究や単元開発について、同僚の教員間で相互に支援がなされてい
る。」）にかかる校長の回答（「1=まったく当てはまらない」～「5=とても当ては
まる」）、③教員間の授業見学の頻度（設問：「教員間において、指導方法の研究の
ために日常的に教員の授業見学は行われていますか。」）にかかる校長の回答（「1=
ほとんど行われていない」、「2=必要が生じたときのみ」、「3=一部の教員で」、「4=頻
繁に行われている」）の3変数を用いる。

　これらを被説明変数とした上で、説明変数として、3つの社会的・制度的
環境—(1)教員集団の規模と構成（教員の異動・配置状況）、(2)教育委員会によ
る学校への指導助言、支援、(3)保護者の教育関心—にかかる校長の回答を用
いて分析を行う。それぞれの説明変数の詳細は上述の通りである。

第7章 「内在的・制度的統制」が「内在的・非制度的統制」にもたらす影響　169

　各変数の記述統計量については、章末の表7-5を参照されたい。

　協働の各項目について分析を行う前に、まず、教員による協働の規定要因について全般的な傾向を把握するため、協働の程度を示す３項目の主成分得点を求め、これを被説明変数とした線形回帰分析を試みた結果が表7-2である。また、教員間の協働の実態を示す３つの変数はいずれも離散的な順序変数であるため、協働の各項目にかかる分析では順序プロビットモデルを用いる。順序プロビット分析の結果は表7-3の通りである。

表7-2　社会的・制度的環境が教員間の協働にもたらす影響（線形回帰分析の結果）

	非標準化係数	標準誤差	標準化係数	有意確率
（定数）	− 1.582	0.802		0.050
教員数	0.025	0.007	0.226	0.001
20代教員の割合（％）	0.018	0.006	0.189	0.003
教員の人手不足への不満	0.002	0.064	0.002	0.971
経験豊富な教員配置への不満	− 0.227	0.064	− 0.235	0.000
校長の校長職経験年数	0.036	0.023	0.102	0.125
校長の勤務校在任年数	− 0.040	0.041	− 0.062	0.325
教委による学校運営に関する指導助言の適切性	0.259	0.091	0.174	0.005
教委の方針による教育課程の編成・実施への制約	− 0.108	0.085	− 0.084	0.205
学校予算の配分による教育活動への制約	0.128	0.078	0.109	0.101
保護者の学校教育活動への関心	0.056	0.088	0.042	0.521
保護者会への参加の程度	0.052	0.075	0.052	0.488
学校行事への参加の程度	0.019	0.080	0.015	0.816
学校が所在する市区町村の人口（万人）	0.002	0.001	0.137	0.210
政令指定都市（ダミー変数）	− 0.450	0.316	− 0.149	0.156
農林漁業地域（ダミー変数）	− 0.134	0.581	− 0.058	0.818
都市郊外の住宅地域（ダミー変数）	− 0.497	0.568	− 0.246	0.383
都市中心部の住宅地域（ダミー変数）	− 0.271	0.584	− 0.105	0.643
都市中心部の商業地域（ダミー変数）	0.170	0.645	0.031	0.792

n=281　調整済み R2乗：0.113　F 値：2.975（自由度＝18．280．有意確率0.000）

表7-3　社会的・制度的環境が教員間の協働に

	①指導方法・内容に関する教員間の相互支援		
	B	標準誤差	有意確率
［閾値＝1］	−2.182	1.117	0.051
［閾値＝2］	−1.514	1.076	0.159
［閾値＝3］	−0.296	1.063	0.781
［閾値＝4］	2.370	1.072	0.027
教員数	0.024	0.010	0.016
20代教員の割合（％）	0.013	0.008	0.116
教員の人手不足への不満	−0.048	0.085	0.568
経験豊富な教員配置への不満	−0.358	0.086	0.000
校長の校長職経験年数	0.021	0.030	0.491
校長の勤務校在任年数	−0.014	0.053	0.798
教委による学校運営に関する指導助言の適切性	0.421	0.120	0.000
教委の方針による教育課程の編成・実施への制約	−0.150	0.112	0.181
学校予算の配分による教育活動への制約	0.134	0.102	0.188
保護者の学校教育活動への関心	0.085	0.115	0.457
保護者会への参加の程度	0.056	0.099	0.575
学校行事への参加の程度	−0.084	0.105	0.420
学校が所在する市区町村の人口（万人）	0.003	0.002	0.096
政令指定都市（ダミー変数）	−0.492	0.416	0.237
農林漁業地域（ダミー変数）	−0.105	0.784	0.894
都市郊外の住宅地域（ダミー変数）	−0.856	0.768	0.265
都市中心部の住宅地域（ダミー変数）	−0.489	0.787	0.534
都市中心部の商業地域（ダミー変数）	0.188	0.867	0.829
N			283
−2対数尤度			396.783
カイ2乗（有意確率）			58.045（0.000）
疑似決定係数			0.232

もたらす影響（順序プロビット分析の結果）

②教材研究・単元開発に関する教員間の相互支援			③教員間の授業見学の頻度		
B	標準誤差	有意確率	B	標準誤差	有意確率
− 0.891	1.045	0.394	0.676	0.941	0.473
0.029	1.001	0.977	2.884	0.954	0.002
1.193	0.998	0.232	3.475	0.958	0.000
3.470	1.015	0.001	−	−	−
0.030	0.009	0.001	0.033	0.009	0.000
0.028	0.008	0.000	0.010	0.007	0.161
0.120	0.079	0.131	− 0.052	0.077	0.502
− 0.255	0.080	0.001	0.031	0.076	0.684
0.046	0.028	0.103	0.025	0.028	0.368
− 0.058	0.050	0.247	− 0.054	0.049	0.266
0.223	0.111	0.045	− 0.059	0.109	0.587
− 0.126	0.105	0.232	0.054	0.101	0.594
0.116	0.096	0.230	− 0.041	0.093	0.663
− 0.021	0.108	0.844	0.187	0.106	0.077
0.106	0.093	0.255	− 0.013	0.090	0.890
0.113	0.098	0.248	0.131	0.096	0.171
0.001	0.002	0.418	0.001	0.001	0.510
− 0.495	0.391	0.206	− 0.268	0.380	0.479
− 0.407	0.730	0.577	0.680	0.634	0.283
− 0.651	0.714	0.362	0.815	0.616	0.186
− 0.405	0.733	0.580	0.796	0.638	0.212
0.003	0.809	0.997	1.004	0.718	0.162
		282			283
		479.234			584.784
		45.534（0.000）			39.655（0.002）
		0.177			0.147

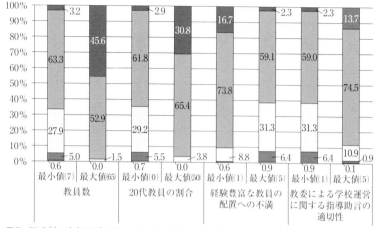

図7-1 教材研究・単元開発にかかる教員間の相互支援の規定要因

続いて、各変数の影響力を具体的に評価するため、説明変数が変化した際の確率関数の変動を推計する。ここでは、②の教材研究・単元開発にかかる教員間の協働に対し、教員数、20代教員の割合、経験豊富な教員の配置への不満、教育委員会による学校運営に関する指導助言の適切性の変化がもたらす影響について、推計結果をグラフ化した（図7-1）。

まず、表7-2の標準化係数の値を比較すると、教員間の協働の態様と強い関係性を持つ変数として、教育委員会による指導助言の適切性、経験豊富な教員配置への不満、教員数、20代教員の割合、を挙げることができる。ただ、表7-3の分析結果から、これらの変数の影響力は、以下のように、協働の態様ごとに相違が見られることも明らかである。

第一に、教員配置・教員集団の規模による影響について。Bryk et al. (1999) など従来の海外における研究では、教員集団の規模が小さいほど協働関係が構築され易いとの知見を導くものが多かったが、本研究で明らかとなったのは、協働それ自体の内容によって異なるものの、教員集団規模の大

きい学校ほど教員間の協働関係が構築され易い側面があるという点である。指導方法・内容に関する相互支援については教員集団の規模との関係性は見受けられないが、教材研究・単元開発に関する相互支援、教員間での授業見学は、教員集団の規模が大きいほど促進される傾向がうかがえる。図7-1のグラフからは、教員集団の規模が最小値をとる場合、その学校において、教材研究・単元開発にかかる教員間の相互支援の実施状況について肯定的な回答（「とても当てはまる」または「わりと当てはまる」）をする確率は66.5％程度であるが、教員集団の規模が最大値をとる場合には、98.5％程度にのぼることがわかる。

　教員の配置に関しては、20代の教員の割合が多い学校ほど、また、「経験豊富な教員が不足し、支障が生じている」との質問に否定的な回答をする学校ほど、教員間の協働が促進される一方で、校長の校長職経験年数や勤務校における在任年数は、統計的に有意な影響を持たないことも明らかとなった。経験豊富な教員の配置に不満の少ない学校では、指導方法・内容や教材研究・単元開発にかかる教員間の相互支援が活発になされる傾向がうかがえる点からは、教育委員会による人事配置上の工夫が教員間の協働を一定程度促進するものと判断でき、また、教員集団における20代の若手教員の占める割合が大きい学校ほど、これらが活発に行われる点を併せると、教員間の協働は、若手教員の育成をより積極的に志向している側面があるとも考えられる。

　第二に、教育委員会による指導助言、支援による影響について。「教育委員会から、学校運営に関して適切な指導・助言が受けられている」との質問に肯定的な回答をする学校ほど、教員間の相互支援が活発である傾向がうかがえるが、教員間の授業見学はその限りではない。また、教育課程の編成・実施にかかる教育委員会の示す基準・方針や学校予算配分にかかる学校側の捉え方と、協働の態様との間には統計的に有意な関係性を見出すことはできない。教育委員会による学校運営上の適切な指導助言は、結果的に、教員間

表7-4　社会的・制度的環境が教員間の協働にもたらす影響：学校組織

	①指導方法・内容に関する教員間の相互支援		
	B	標準誤差	有意確率
［閾値 = 1 ］	3.852	1.449	0.008
［閾値 = 2 ］	4.490	1.436	0.002
［閾値 = 3 ］	5.998	1.456	0.000
［閾値 = 4 ］	9.234	1.519	0.000
教員数	0.023	0.011	0.031
20代教員の割合（％）	0.011	0.009	0.215
教員の人手不足への不満	− 0.064	0.092	0.489
経験豊富な教員配置への不満	− 0.234	0.093	0.012
校長の校長職経験年数	0.008	0.032	0.794
校長の勤務校在任年数	− 0.036	0.058	0.541
教委による学校運営に関する指導助言の適切性	0.322	0.132	0.015
教委の方針による教育課程の編成・実施への制約	− 0.219	0.122	0.073
学校予算の配分による教育活動への制約	0.200	0.109	0.068
保護者の学校教育活動への関心	0.091	0.126	0.471
保護者会への参加の程度	0.035	0.109	0.747
学校行事への参加の程度	− 0.123	0.116	0.287
学校が所在する市区町村の人口（万人）	0.002	0.002	0.322
政令指定都市（ダミー変数）	− 0.382	0.463	0.409
農林漁業地域（ダミー変数）	− 0.034	0.902	0.970
都市郊外の住宅地域（ダミー変数）	− 0.778	0.886	0.380
都市中心部の住宅地域（ダミー変数）	− 0.564	0.904	0.533
都市中心部の商業地域（ダミー変数）	0.374	0.988	0.705
校長−教員間での円滑なコミュニケーションの程度	0.252	0.161	0.118
同僚教員間における業務の相談のし易さ	0.996	0.174	0.000
学校改善における教員のアイディアの校長による参考の程度	0.517	0.148	0.000
N			283
− 2 対数尤度			322.795
カイ 2 乗（有意確率）			132.033（0.000）
疑似決定係数			0.466

の内部過程変数による影響を考慮して（順序プロビット分析の結果）

②教材研究・単元開発に関する教員間の相互支援			③教員間の授業見学の頻度		
B	標準誤差	有意確率	B	標準誤差	有意確率
3.610	1.293	0.005	2.297	1.212	0.058
4.511	1.276	0.000	4.598	1.236	0.000
5.810	1.290	0.000	5.214	1.241	0.000
8.329	1.333	0.000	−	−	−
0.029	0.010	0.002	0.033	0.009	0.000
0.026	0.008	0.001	0.011	0.008	0.161
0.140	0.082	0.089	− 0.068	0.078	0.381
− 0.147	0.083	0.077	0.097	0.079	0.220
0.041	0.029	0.161	0.030	0.028	0.293
− 0.070	0.052	0.177	− 0.056	0.049	0.259
0.124	0.117	0.289	− 0.169	0.113	0.135
− 0.143	0.109	0.189	0.047	0.103	0.647
0.143	0.099	0.151	− 0.028	0.094	0.764
− 0.056	0.112	0.620	0.166	0.107	0.123
0.106	0.096	0.271	− 0.007	0.091	0.937
0.114	0.103	0.268	0.083	0.098	0.396
0.000	0.002	0.886	0.000	0.002	0.892
− 0.392	0.409	0.338	0.000	0.389	1.000
− 0.387	0.763	0.612	0.714	0.729	0.328
− 0.523	0.747	0.484	0.933	0.715	0.192
− 0.420	0.766	0.583	0.834	0.732	0.254
0.070	0.842	0.934	1.041	0.804	0.195
0.275	0.143	0.054	− 0.006	0.139	0.967
0.653	0.158	0.000	0.058	0.151	0.699
0.303	0.134	0.024	0.517	0.135	0.000
		282			282
		436.859			565.868
		87.909 (0.000)			57.378 (0.000)
		0.317			0.207

における専門知識・技術の伝達や共有を一定程度促進しているものと言える。

　第三に、保護者の教育関心による影響について。指導方法・内容や教材研究・単元開発にかかる教員間の相互支援の態様との間には、統計的に有意な関係性を見出すことはできないが、教員間での授業見学については、「学校が行う教育活動の内容に関心が高い保護者が多い」との質問に肯定的な回答をする学校ほど、頻繁に行われる傾向がうかがえる。保護者の教育関心や学校参加行動の多寡が、教員集団における相互支援の態様に対し直接に影響をもたらす様子は確認できないが、学校・教員が保護者の教育関心の高さを認識することで、職能形成への意欲を向上させ、協働的な取り組みをより積極的に行う可能性があるものと考えられる。

　なお、学校組織内部の経営過程変数が教員間の協働を促進する可能性を考慮するため、「校長–教員間での円滑なコミュニケーションの程度」と「同僚教員間における業務の相談のし易さ」、「学校改善における教員のアイディアの校長による参考の程度」の3変数を説明変数に加えて分析を行った結果が表7-4である。無論、「校長–教員間での円滑なコミュニケーションの程度」と「同僚教員間における業務の相談のし易さ」、「学校改善における教員のアイディアの校長による参考の程度」に代表される組織構成員間のコミュニケーションの程度と、教員間の相互支援との間の因果関係の方向性は特定できるわけではなく、また、同じ事柄の二側面を示すに過ぎない可能性も高い。実際に、校長–教員間あるいは同僚教員間のコミュニケーションの態様は、教員間の相互支援の態様との間に一定の影響力関係を有していることが確認できる。

　しかしながら、表7-3に示した分析結果と比較すると、これらの教員間のコミュニケーションにかかる変数の影響力を統制してもなお、学校の教員数、教育委員会による教員の人事配置や学校への指導助言が教員間の相互支援に対して統計的に有意な影響をもたらしていることがわかり、教員間の協

働の規定要因として、制度的条件の有する影響力をあらためて確認すること
ができる。

第4節　小括

　以上の分析結果を踏まえると、教員間の協働は、学校内部の経営過程のみ
によって完結的に生み出されるのではなく、教育委員会による資源配分や専
門的な支援、保護者の教育関心など社会的条件との関係性を含む広い意味で
の経営に支えられて成立するという視点が重要となるものと言えるだろう。
　学校の自主性・自律性の確立を目指した教育改革下にあって、我が国で
は、学校改善や教員の職能成長を図る立場から、教員間の協働は注目を集め
てきた。そして、校長のリーダーシップの在り方に加え、校長と教員との間
の信頼関係の構築は、教員間の協働の促進条件として捉えられることが多
い。しかし、本章での分析結果に基づくならば、校長のリーダーシップや教
員間の信頼関係、ひいてはコミュニケーションの程度など、学校の内部過程
条件に依存するのみでなく、教員集団の規模や教員の経験に基づいた配置、
また、教育委員会の支援といった制度的・政策的な条件の工夫・改善が重要
であり、さらには、保護者の教育関心など外部の期待も、教員間の協働を促
進する可能性があるものと言える。先述のように、昨今においては、「企て
られた協働」への批判を踏まえ、学校・教員の協働性や自律性の確保を前提
とした教員の職能開発の必要性が強く主張されている。しかしながら、教育
委員会による指導助言や人事配置等、あるいは外部要求のもたらす影響を、
学校・教員の自律性を損なうものとして捉えることが必ずしも適切であると
は言えず、これらを教員間の協働、相互支援を経た教員の専門職能開発や学
校改善を促す条件と捉えて、その在り方を追究する必要があるものと言える
のではないか。
　教員間の協働にかかる実践的・政策的含意として、具体的に以下の点が挙

げられる。

　まず、本章の分析では、教員集団の規模・構成による影響について、既往の研究がもたらした知見に反し、大規模であるほど教員間の協働が促進される実態があることに加え、経験豊富な教員の配置が重要な促進要因となることを見出した。これは、我が国の教員養成・教員人事制度―広域人事を前提として、学校現場で教員の職能開発を目指す仕組み―の下で、各学校において、教員人材の量的・質的確保が大いに必要とされていることの裏付けともなり得る。しかしながら、近年では、地域特性や少子化の影響により、小規模校の増加傾向は否めないところでもある。分析結果から、教育委員会による指導助言の適切性もまた教員間の協働の促進要因となることが明らかとなったが、学校組織の内部過程において教員間の協働を促進できない学校に対しては、教育委員会の指導助言はこれを補うものとして機能することが期待されよう。各教育委員会は、その活動量に見合った能力を備え、学校への支援を向上させることが、政策上の大きな課題となるものと考えるが、教育委員会の指導助言がどのような条件の下で有効に機能するのか、今後さらに分析を重ね、検討する必要がある。

　さらに、本章の分析では、保護者の教育関心が高い学校ほど、教員間での授業見学が頻繁に実施される傾向が見受けられた。こうした保護者の教育関心の高さに見られるような学校外部の期待などの社会的要因が、教員の行動やその動機づけに影響をもたらす可能性への注目は、「企てられた協働」に陥ることなく、学校・教員の自律性に基づく協働を支えるという点において極めて重要となる。

　本章において注目した３つの協働のうち、①指導方法・内容や②教材研究・単元開発にかかる教員間の相互支援については、先述の通り、経験豊富な教員の配置がなされている学校ほど活発に行われていることが明らかである。この点、経験豊富な教員が指導的立場に立つことで、協働それ自体の質がある程度保障されているとも考えられるが、③授業見学の頻度については

その限りではない。教員集団の規模が大きい、あるいは、保護者の教育関心が高い学校ほど、頻繁に授業見学が行われる傾向が明らかになったが、経験豊富な教員の配置状況との関係性は見受けられず、その質がどのように担保されているのかという視点からはやや納得し難い結果となっている。教員間の協働の機会の確保を促すのみでなく、その質を高めるための政策的努力の必要性が再確認されるべきところであると言えよう。

表7-5　記述統計量

	度数	最小値	最大値	平均値	標準偏差
校長－教員間での円滑なコミュニケーションの程度	314	1	5	3.930	0.558
同僚教員間における業務の相談のし易さ	314	2	5	4.030	0.499
学校改善における教員のアイディアの校長による参考の程度	314	1	5	3.790	0.621
指導方法・内容に関する教員間の相互支援	314	1	5	3.950	0.560
教材研究・単元開発に関する教員間の相互支援	313	1	5	3.840	0.642
教員間の授業見学の頻度	313	1	4	2.607	0.886
協働（指導方法・教材研究に関する相互支援及び授業見学の頻度）の主成分得点	311	-4.756	2.280	0	1
教員数	313	7	65	22.280	8.879
20代教員の割合（%）	308	0	50	18.191	10.588
教員の人手不足への不満	310	1	5	3.450	1.009
経験豊富な教員配置への不満	310	1	5	2.670	1.047
校長の校長職経験年数	312	1	16	4.120	2.971
校長の勤務校在任年数	314	1	13	2.380	1.610
教委による学校運営に関する指導助言の適切性	313	1	5	3.670	0.673
教委の方針による教育課程の編成・実施への制約	313	1	5	2.650	0.807
学校予算の配分による教育活動への制約	312	1	5	3.110	0.883
保護者の学校教育活動への関心	310	2	5	3.780	0.756
保護者会への参加の程度	313	1	5	3.640	1.025
学校行事への参加の程度	312	2	5	4.340	0.794
学校の所在する市区町村の人口（万人）	314	0.260	368.960	50.757	90.814
政令指定都市（ダミー変数）	314	0	1	0.130	0.334
農林漁業地域（ダミー変数）	311	0	1	0.264	0.441
都市郊外の住宅地域（ダミー変数）	311	0	1	0.518	0.500
都市中心部の住宅地域（ダミー変数）	311	0	1	0.170	0.377
都市中心部の商業地域（ダミー変数）	311	0	1	0.035	0.185

終　章

第1節　本研究から得られた知見

　本節では、本研究から得られた知見についてまとめるが、まず、各章の内容を要約しておきたい。

　第1章では、まず、戦後の我が国における学校改革の大きな流れを生み出したと考えられる臨時教育審議会答申において提唱された「開かれた学校」政策の変遷に注目した。当初、子どもの多様な教育要求を学校が受容し応答するべくその促進が期待された、保護者等による学校参加は、「学校のスリム化」を目指す動向の中で、学校の教育活動支援の手段として位置づけられるようになり、さらには、「学校の自主性・自律性」の確立という政策課題を前に、学校組織内部における教育意思の調整のための手立てとして機能することが求められる形で変容を遂げてきた点を指摘した。

　さらに、こうした改革の背景において展開されてきた「学校参加」研究においては、保護者等の学校参加に関して、教員の「専門性」に対する懐疑を契機として必要とされるようになったものであり、教員の"閉じられた"「専門性」を"開く"ものとして位置づけられてきたところであるが、実際に、保護者等による参加行動を通して表出される多様な子ども・保護者の教育要求が、学校の教育活動あるいは教員の「専門性」にいかなる影響をもたらし得るのかについては必ずしも明確にされているわけではなく、研究上の課題とされることを指摘した。

　そこで、続く第2章では、我が国における教員の職務に対する「民主的統制」の効果について検証が求められていることを背景としつつ、「専門職」

としての教員による責任論を踏まえ、学校アカウンタビリティの保障にあたり有効に機能し得る教育経営組織における統制の構造について解明するための分析モデルの構築を試みることとした。

　「専門職」としての教員による責任体制の特徴として、「機能的責任」よりも「直接責任」のほうが優位にあることが指摘されるが、その課題として、「直接責任」が適切に果たされるための手段に欠けることを論じた。その上で、学校組織内部における教員間の情報や課題、規範の共有・調整（「内部アカウンタビリティ」）が外在的な教育要求への応答（「外部アカウンタビリティ」）を促すとする、エルモアによる学校アカウンタビリティ論を踏まえ、その課題について修正を図る形で、我が国の公立学校におけるアカウンタビリティの態様を説明し得るモデルを検討した。

　具体的には、学校のアカウンタビリティ保障にあたり、学校の「内部アカウンタビリティ」、すなわち教員間の協働的な取り組みが有効に機能することを指摘してきた国内外の先行研究に言及し、教員間の協働的な取り組みがどのように醸成されるのかという点については、校長のリーダーシップや学校風土・文化などの重要性が指摘されてきたものの、校長のリーダーシップなど学校組織の経営的条件や学校風土・文化など組織的条件それ自体がどのように構築されるものであるのか、必ずしも明確にされているわけではないことを指摘した。教員間の協働的な取り組みの決定要因は、学校の経営的条件や組織的条件に限られるものではなく、学校の置かれる地域特性や保護者等との関係性など文脈的な条件による影響への着目も欠かせない。また、特に、我が国における公立学校経営が、学校経営面において学校ごとの自主性・自律性が確立されている欧米の学校と異なり、教育環境や教育内容についての基準設定、あるいは教員の人事配置や学校予算などの資源配分、さらには指導助言を通して、文部科学省・教育委員会と学校とが密接に関わる制度の下で実施されていることを踏まえれば、こうした制度的条件が教員間の協働にもたらす影響についても重視すべきであることを指摘した。

終　章　183

　そこで、エルモアによるアカウンタビリティ論に加えてギルバートによる
行政統制（責任）の類型を参照し、学校と教育委員会を包括的に捉えた「教
育経営組織」における「外在的・非制度的統制」（＝保護者等による学校参加
等）、「内在的・非制度的統制」（＝教員間の協働）に加え、「内在的・制度的統
制」（＝教育委員会による学校に対する資源配分や指導助言等）を視野に入れ、こ
れらの統制手段が相互補完的に機能することによって我が国の学校アカウン
タビリティが保障される過程を説明し得る分析モデルを提示した。

　第3章以降では、第2章で提示したモデルについて検証を行った。教育経
営組織におけるそれぞれの統制手法が相互に与える影響やその補完性を解明
するために、それぞれの統制の態様が学校の成果―保護者の教育要求や満足
度の充足、子どもの学力向上―にもたらす影響について、定量的データの分
析を行った。

　まず、第3章では、2000年に導入された学校評議員制度に注目し、学校の
外部者である学校評議員が校長の意思決定に対し、どのような事柄に関して
どの程度の影響をもたらしているのか、また、その影響力を規定している要
因について検証を行った。

　校長により評議員の意向が参考にされる程度は学校運営における決定事項
の内容によって異なっており、教職員の専門的スキルに深く関わる領域にお
けるほど、評議員の意向が参考にされにくい現状があることが明らかとなっ
た。学校・教員の「専門性」に基づく教育活動に対して"素人"である外部
者がいかに関与し得るかが、学校に対する民主的統制の課題となることを再
認識するに至った。さらに、評議員の要求を受容するのみならず、それを反
映する学校側の体制、あるいは、評議員の成熟に寄与する評議員自身の参加
行動の促進など、校長による評議員制度の運用次第でその機能が左右される
側面も大きく、これらの結果から、学校評議員制度については、保護者等の
外部者による学校への関与あるいは学校による多様な教育要求への応答を促
進するための手段でありながらも、実際には、学校組織における校長の権限

強化、すなわち、学校組織における「内在的・制度的統制」を強化するための手段として位置づけられることで機能するという性格を有するものでもあることが確認された。

　その上で、第4章では、評議員に限らない一般保護者等の教育要求への応答、すなわち、学校における「民主性」の向上を目指した取り組みが、学校・教員による教育活動の「専門性」にいかなる影響をもたらしているのか検証を行った。教員の専門的判断に基づき、子ども・保護者等の多様な教育要求に応答することを、学校アカウンタビリティと捉え、子どもの学力達成をその指標として、TIMSS2011の我が国の児童のデータ及び筆者が実施した質問紙調査に基づくデータの分析を行った。これによると、教員間で保護者の教育要求を共有することは基礎的・基本的な学習内容の定着の徹底には寄与するものの、発展的な学習内容の習得に対しては影響を持たず、また、学校の教育活動に対する保護者の理解度が高い学校の校長ほど、発展的な学習内容の習得が図られていると回答する傾向があることが明らかとなった。さらには、教員間で保護者の教育要求について議論することは、児童の学力達成には寄与しないことが確認された。こうした分析結果から、学校・教員が保護者から寄せられた教育要求への応答を目指すことは、学校アカウンタビリティの向上に一定程度寄与するものの、学校組織に対する「外在的・非制度的統制」が学校教育活動における教員の「専門性」の向上を促進するとは限らないという結論が導かれた。

　第5章、第6章では、従来より学校・教員の「専門性」の維持・向上にあたり有効と考えられてきた教員間の同僚性や協働、すなわち「内在的・非制度的統制」が、保護者の教育要求への応答あるいは学校教育に対する保護者の満足度の充足、さらには子どもの学力達成に対し、いかなる影響を及ぼし得るのかという点について検証を行った。筆者が行った質問紙調査に基づくデータの分析結果からは、教員間の協働的な取り組み（「内在的・非制度的統制」）が十分に機能することによって、学校教育に対する保護者の満足度を

終　章　185

高めるのみならず、子どもの多様な教育要求に応答しその学力達成を一定程度促進することが可能となる点について明らかにした。すなわち、「内在的・非制度的統制」は、これが強化されることによって、教員らの「専門性」の向上を図り、学校・教員による「民主的」な教育活動の実施を促す可能性、つまり、結果的に「外在的・非制度的統制」の機能の限界を補完し得る可能性があることを指摘した。

　さらに、第7章では、こうした教員間の協働（「内在的・非制度的統制」）がどのような条件の下でより機能し得るのか、組織的・制度的な規定要因に着目して検証を行った。既往の研究においては、教員間の協働を規定する要因として校長のリーダーシップなど学校組織内部の経営過程の在り方が注目されてきたが、学校組織内部の経営過程それ自体がどのように醸成されるものであるのかについて明らかにされてはおらず、我が国の公立学校経営を支える制度的条件や社会的環境がこれらに対してどの程度の影響をもたらしているのかという点について検証を行った。教員間において自律的に展開される協働的な取り組みについては、これを中心となって支える経験豊富な教員の存在や学校内外から得られる専門的な助言等を前提にして有効に機能するものと考えられ、筆者が行った質問紙調査に基づくデータの分析結果から、教育委員会による各学校に対する教員の人事配置や、学校経営に関する指導助言など専門的関与（「内在的・制度的統制」）の在り方が、教員間の協働を促進する可能性があることを明らかにしたところである。

　図8-1は以上の分析結果の要点を図示したものである。本研究全体として、先に述べたギルバートによる行政統制（責任）の4類型のうち、本研究において議論の対象とした3つの統制手段が相互補完的に作用することにより、教育経営における「民主性」と「専門性」が保持され、学校と教育委員会を含めた教育経営組織全体としてその責任が果たされる過程を明らかにすることができたものと言えるだろう。

　以上の研究から得られた知見については、次の3点に整理することができ

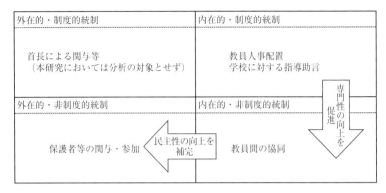

図8-1　本研究における分析結果の要点

よう。

　第一に、学校単位で保護者・地域住民の要求を反映した教育経営を行うことには限界があり、また、教員の職務の特性を考えるならば、「外在的・非制度的統制」の手段としての保護者等の学校参加を有効に機能させることは、それのみでは困難という点である。

　第3章、第4章において検証したように、学校・教員が子ども・保護者の教育要求を受容・反映することそれ自体は、必ずしも児童の学力達成に帰結しているわけではない。無論、保護者の教育関心が低い、あるいはその教育要求が未成熟であるといった可能性も否定できないが、特に、学習指導の内容に関わる保護者の要求について教員の間で議論される機会が多く持たれたとしても、それが児童の学力達成にはプラスの影響力を持たず、基礎的・基本的な学習内容の定着を超えて、個々の児童の教育要求に応じた発展的な学習内容の習得となると、なおさらその傾向が強まることが明らかとなった。学校の教育活動のうち、学習指導の方法など教員の専門性に深く根差した事柄については、教員の職務の自律性を確保することによってその改善が期待されるということであり、その点を踏まえ、保護者等の担うべき役割を考慮した「外在的・非制度的統制」の在り方を検討すべきであると言える。

第二に、「外在的・非制度的統制」が学校・教員に期待する、子ども・保護者等の多様な教育要求への応答は、「内在的・非制度的統制」、すなわち、学校組織内部における教員間の相互支援など、協働的な職務遂行がなされることによって実現される可能性が高いという点である。

　第5章において、学校内部における教員間の協働が積極的に展開される学校ほど、保護者の教育要求を反映している傾向があることが指摘されたように、教員間における教育課題の共有や職務上の相互支援（「内在的・非制度的統制」）が、保護者の直接的な学校参加を手段とした「外在的・非制度的統制」の機能の限界を結果的に補完しているものと言える。また、第6章では、学校内部における教員間での相互支援が積極的に展開される学校ほど、児童への学習内容の定着が図られる傾向が指摘されたことからは、教員間において教育課題の共有や調整、相互支援が活発になされることを通して、結果的に、教員の専門職能の向上が図られ、子ども・保護者の教育要求への応答や子どもの学力達成が促進されるという可能性があるものと考えられる。

　第三に、教員間の協働など「内在的・非制度的統制」を促進する要因として、各学校への教員配置の在り方や、教育委員会による専門的な指導助言の内容の適切性など、教育経営組織における制度的条件（「内在的・制度的統制」）がもたらす影響が大きいという点である。

　学校の自主性・自律性の確立を目指した教育改革下にあって、我が国では、学校改善や教員の職能成長を図る立場から、教員間の協働は注目を集め、校長のリーダーシップなど学校組織内部の経営過程の在り方が、教員間の協働の促進条件として捉えられてきた。しかし、第7章の分析結果から明らかにされたのは、学校組織内部の経営過程の在り方に加え、教員集団の規模や教員の経験に基づいた人事配置、また、教育委員会の学校に対する専門的支援といった制度的・政策的な条件の工夫・改善が、各学校における教員間の協働、すなわち「内在的・非制度的統制」を促進する上で重要な要素となるということである。

以上の知見は、我が国における教育経営組織において、ギルバートによる行政統制の4類型のうち、「外在的・制度的統制」を除く3つの統制手段が相互補完的に機能することによって、学校アカウンタビリティの保障が可能となることを裏付けるものと言えるだろう。

子ども・保護者の多様な教育要求に自らの責任において適切に応答することが求められる「ストリート・レベルの官僚」としての教員の職務については、その「専門性」をいかに統制するかが大きな課題とされてきた。我が国における教育改革の変遷においては、学校参加を前提とした学校の自主性・自律性の確立を目指す動向に見られるように、学校・教員に対し、「民主的統制」の強化を図ることによって多様な教育要求への応答を期待する一方で、校長の権限強化など、階統制上の管理が重視されてきたという傾向がうかがえる。本研究から得られた知見に基づくならば、従来の学校参加研究が支持してきた、学校に対する直接的な「民主的統制」に関しては、教員の「技術的専門性」を高めるという視点からその有効性を評価することはできない。しかし、こうした「民主的統制」の仕組みについては、教育経営組織全体における位置づけを見直す立場から検討を重ねる余地があることが示唆されたところであると言えるだろう。この点については、学校・教員が保護者や子どもの多様な教育要求に応答し、直接責任を果たすためのシステム構築を目指す視点から「内外事項区分論」の再構成を主張する佐藤が、その具体的方策のひとつとして挙げた「教師の教育活動を内的事項に、教師の能力管理を外的事項に位置づける」（佐藤 1998: 25）という指摘とも適合的であると言えるかもしれない。すなわち、教員の教育活動の内容や指導方法と、教員の能力を左右するところの人事管理とは別個のものであり、これらに対する統制の在り方についても、両者の関係性を考慮しつつそれぞれに論じられるべき必要があるということである。

教員の職務における「民主性」と「専門性」は代替的な関係に留まるものではない。教育経営組織の内外において制度的あるいは非制度的な手段に

終章　189

よってなされる統制が相互補完的に機能することによって、これらの均衡が
図られ得るものと捉え直すことができるのではないだろうか。

第2節　政策的含意及び今後の研究課題

　まず、政策的含意に関して、臨時教育審議会答申に基づく「開かれた学
校」政策以降、我が国においては「学校の自主性・自律性の確立」を目指し
た改革が指向されてきたが、本研究から得られた知見を踏まえるならば、学
校裁量の拡大あるいは校長の権限の強化を図ることによって、地域の教育要
求に応じた多様な学校経営を目指すとした試みについては、無条件に評価す
ることはできないものと考える。校長権限の強化は、学校を単位として多様
な教育要求に応答するための手立てとされつつも、教育委員会－校長－教員
間においてトップ・ダウン型の階統制上の管理強化を図るものとして意図さ
れていた可能性は否めず、また、実際の学校評議員制度の機能状況あるいは
保護者等による学校への直接的な参加の実態を踏まえても、教員の（閉じら
れた）「専門性」に対する民主的統制としての機能を果たしていないと判断
せざるを得ないためである。

　そこで、今後の研究課題として挙げられるのは、学校組織において展開さ
れる教員間の協働、すなわち「内在的・非制度的統制」の有効性を維持する
ための「内在的・制度的統制」の在り方のさらなる追究であろう。

　具体的な課題としては、第一に、教員間の協働を促し、学校・教員の「専
門性」を担保するところの、教育委員会による資源配分の在り方や指導助言
の内容はいかなる手続きを経て決定され、実施されることが望ましいのか、
その民主性や適切性を保持するための手立ての追究・解明が求められる点で
ある。

　本研究では、教員の人事配置や学校に対する指導助言といった教育委員会
の職務について、都道府県教育委員会と市町村教育委員会がそれぞれに有す

る権限の相違について詳細に区別することなく、その影響力を分析してきたが、文部科学省による基準がこれら教育委員会の職務に与える影響力や都道府県教育委員会－市町村教育委員会間の関係性等の条件を考慮した分析は不可欠であり、今後の課題とされる。

　また、先述のように、現在、教育委員会制度は大きな転期を迎えており、今後、各自治体の教育行政に対する首長の関与が強化される可能性は否めない。本研究における分析枠組みにおいてこの動向を捉えるとすれば、将来的には「外在的・制度的統制」の強化が図られるということになる。本研究においては、戦後における我が国の教育行政の理念に鑑み、「外在的・制度的統制」の影響力について直接に検証する分析は実施していないが、本研究において検証した、「内在的・非制度的統制」の有効性と、これに対して「外在的・非制度的統制」及び「内在的・制度的統制」がもたらす影響の態様は、今後においてなお一層重要となる課題を提示したものと考える。つまり、本研究における検証で明らかとなったように、教育委員会－校長－教員という縦の行政系列を通してなされる「階統制上の管理」（＝「内在的・制度的統制」）は、教員間の協働あるいはボトム・アップ型の意思決定を包摂する形で有効に機能し、各学校における保護者の教育要求の充足や子どもの学力達成を促進することに寄与しているのである。そうした中で、首長によって代表される民意が、教育委員会に対し強い影響力を持つようになる場合に、教員間の協働あるいはボトム・アップ型の意思決定の有効性をいかに維持するかということが重要な課題となるということである。

　この点、村上は、「教育行政の民衆統制と専門的指導性との抑制・均衡という理念は、教育委員と教育長との間すなわち教育委員会内部というよりも、公選の首長をはじめとする一般行政と、専門性に強みを持つ教育長や教育委員会事務局との間でむしろ実質的に機能してきたと考えることもできる」と指摘するが（村上 2011: 284-285）、首長によって代表される民意は、教育委員会－校長－教員間の相互関係の中で認識される民意に比べ、個別具体

終　章　　191

的で潜在的、黙示的な民意を受容し難い性格を有する可能性も想定される。また、首長による関与によって別に強化される「階統制上の管理」と、学校教育現場の「専門的な科学技術の知識」との間に対立・抗争が生じることも懸念されようが、そのような場合に、対立・抗争を解消する手段として、首長によって代表される民意が利用されることを未然に防ぐための手立ても必要と言えるだろう。

　第二に、教育委員会による資源配分のうち、特に教員の人事配置が「内在的・非制度的統制」を有効に機能させ得るという知見に関しては、少子化社会における教員人事政策が抱える課題に対するアプローチの方策について検討が求められる点である。

　経験豊富な教員の配置状況に不満のない学校ほど、また、教員数の多い学校ほど、教員間の相互支援が活発に展開されていると回答する傾向が観察されたことを踏まえると、教育委員会による教員の人事配置については、各教員のキャリアや各学校の教員集団内で担い得る役割について考慮されることが不可欠であり、そのためには、都道府県教育委員会－市町村教育委員会－校長間における双方向的な情報の共有が重要となる。ただ、教員の年齢構成のバランスに関して、文部科学省の公表する「学校教員統計調査」の結果によれば、2013年には教員の平均年齢が従来の上昇傾向から下降傾向に転じたことが指摘されている。さらに、人件費抑制の観点から、少子化傾向に伴い教員数の削減の是非が議論されるようになったことも記憶に新しいところである。学校教育全体において教員数を維持し、その中で経験豊富な教員を確保することについては、今後における人事政策上の争点と大きく関わるが、教員間の相互支援が有効に機能するための条件を整備する立場から、こうした状況に対していかなる策を見出すかが課題となるものと思われる[46]。

46　例えば、佐藤らの研究（佐藤・岩川・秋田 1991、佐藤・秋田・岩川・吉村 1991）においては、経験豊富な教員と初任教員それぞれの教育活動における思考様式の特徴を明らかにしており、参考となるものと考えられる。また、平田・池田・水野・服部（2010）は、教員研修の実態と教員の年齢構成の変化に伴う課題について指摘している。

なお、研究手法に関して、本研究において用いたデータは、第3章における質的調査データや第4章における一部の量的調査データを除き、公立小学校のみを対象として実施した調査によるものである。学校・教員に求められる専門性については、学校種の違いによって異なる点も多く存在するものと考えられ、考慮が必要である。また、教員間の協働や教育委員会による各学校に対する支援の状況等についても、本研究では校長の認識に基づく回答によって測定することとしており、今後の課題として、校長の認識のみならず、教員の認識等をも考慮した調査設計を工夫し、得られた知見に検討を加えていくことが求められるものと考えている。

また、本研究の分析において、学校における教育活動の成果について、TIMSS2011によるデータに加え、校長を対象とした質問紙調査データを用いており、児童の学力達成状況に関して「基礎的・基本的な学習内容の定着状況」と「必要に応じた発展的な学習内容の習得状況」の2点にかかる校長の回答によって把握することとした。学校における教育活動の成果を測定するためには、児童の学力達成状況以外の要素にも着目する必要があることは言うまでもなく、児童の学力達成状況の測定方法についても大いに検討の余地がある。

併せて、「内在的・非制度的統制」の指標として注目した「教員間の協働」の“結果”として児童の学力向上が観察されたのか、それとも、児童の学力達成度が高いことが、「教員間の協働」を促す“要因”となっていたのか、その因果メカニズムについては明確にされない点も残されており、今後の課題として常に問い返される必要がある。

参 考 文 献

〈邦文〉

荒井文昭（2013）「校長人事における政治の位置をめぐる課題―教育政治研究の視点から―」『教育学研究』80⑵、pp.210-221

市川昭午（1966）『学校管理運営の組織論』明治図書

市川昭午 編（1986）『教師＝専門職論の再検討』教育開発研究所

伊藤修一郎（2002）「社会学的新制度論」河野勝・岩崎正洋 編『アクセス比較政治学』日本経済評論社、pp.147-162

今橋盛勝（1983）『教育法と法社会学』三省堂

岩永定（2000）「父母・住民の経営参加と学校の自律性」日本教育経営学会編『自律的学校経営と教育経営』玉川大学出版部、pp.240-260

浦野東洋一（2000）「指導要録の開示問題について：最高裁判所への意見書」『東京大学大学院教育学研究科教育行政学研究室紀要』19、pp. 1-4

──── （2003）『開かれた学校づくり』同時代社

大住荘四郎（1999）『ニュー・パブリック・マネジメント：理念・ビジョン・戦略』日本評論社

大桃敏行（2000）「地方分権の推進と公教育概念の変容」『教育学研究』67⑶、pp.23-33

──── （2004）「教育のガバナンス改革と新たな統制システム」『日本教育行政学会年報』30、pp. 17-32

──── （2005a）「地方分権改革と義務教育：危機と多様性保障の前提」『教育学研究』72⑷、pp.26-36

──── （2005b）「ガバナンス改革と学校運営協議会の課題」『教育学研究』72⑴、pp.80-83

大森彌（1970）「行政における機能的責任と『グラス・ルーツ』参加⑴」『国家学会雑誌』83（1・2）、pp.17-99

大脇康弘・西川潔（2014）「学校組織開発の理論形成と実践的省察：佐古秀一氏の所論を中心に」『大阪教育大学紀要　第Ⅳ部門　教育科学』62⑵、pp.167-180

小川正人（2009）「教育行政研究の今日的課題から学校経営研究を考える」『日本教育

経営学会紀要』51、pp.45-55

沖清豪（2000）「イギリスの教育行政機関における公共性：非省庁型公共機関（NDPB）とそのアカウンタビリティ」『教育学研究』67⑷、pp.397-405

織田泰幸（2011）「『学習する組織』としての学校に関する一考察：Shirley M.Hordの『専門職の学習共同体』論に注目して」『三重大学教育学部研究紀要』62、pp.211-228

─────（2012）「『学習する組織』としての学校に関する一考察⑵：Andy Hargreavesの『専門職の学習共同体』論に注目して」『三重大学教育学部研究紀要』63、pp.379-399

小野田正利（1996）『教育参加と民主制：フランスにおける教育審議機関に関する研究』風間書房

─────（2003）「学校不信と教育紛争の危機管理：イチャモンの分析を通して」榊達雄 編『教育自治と教育制度』大学教育出版

風間規男（1995）「行政統制理論の復権」『年報行政研究』30、pp.107-125

加治佐哲也（1998）『教育委員会の政策過程に関する実証的研究』多賀出版

勝野正章（2007）「新教育基本法制と教育経営：『評価国家』における成果経営のポリティクス」『日本教育経営学会紀要』49、pp.2-12

─────（2012）「学校におけるリーダーシップ」小川正人・勝野正章『教育行政と学校経営』放送大学教育振興会、pp.188-202

兼子仁・蛭田政弘（2007）『学校の個人情報保護・情報公開』ぎょうせい

片岡寛光（1985）「審議会の政治力学」『社会科学討究』31⑴、pp.346-359

川口俊明（2009）「マルチレベルモデルを用いた『学校の効果』の分析：「効果的な学校」に社会的不平等の救済はできるのか」『教育社会学研究』84、pp.165-184

川島啓二・赤星晋作（2004）「学校評議員制度と自律的学校経営」河野和清 編『地方分権化における自律的学校経営の構築に関する総合的研究』多賀出版、pp.277-295

喜多明人・内田塔子・阿部芳絵・角拓哉・金炯旭・村山大介・米村潤史・大日方真史・堀井雅道（2002）「学校評議員（もしくは類似）制度の現状と課題」『早稲田大学大学院文学研究科紀要第1分冊』48、pp.117-131

喜多明人 編著（2004）『現代学校改革と子どもの参加の権利』学文社

黒崎勲（1999a）『教育行政学』岩波書店

─────（1999b）「市民参加による教育システム」『都市問題』90⑸、pp.18-19

─────（2004）『新しいタイプの公立学校：コミュニティ・スクール立案過程と選

択による学校改革』同時代社

河野和清（2002）「学校経営論の総括」『日本教育経営学会紀要』44、pp.158-165

河野勝（2002）「新しい比較政治学への序奏」河野勝・岩崎正洋 編『アクセス比較政治学』日本経済評論社、pp.111-127

小松郁夫（1977）「教育行政研究における行政責任論：C. E. Gilbert の framework を手がかりに」『日本教育学会大会研究発表要項』36、p.39

佐久間亜紀（2007）「教師の学びとその支援：これからの教員研修」油布佐和子 編著『転換期の教師』放送大学教育振興会、pp.207-223

佐古秀一（2006a）「学校組織の個業化が教育活動に及ぼす影響とその変革方略に関する実証的研究—個業化、協働化、統制化の比較を通して—」『鳴門教育大学研究紀要』21、pp.41-54

―――（2006b）「学校の内発的な改善力を高めるための組織開発研究：学校経営研究における実践性と理論性追求の試み」『日本教育経営学会紀要』48、pp.196-200

―――（2010）「学校の内発的改善力を支援する学校組織開発の基本モデルと方法論：学校組織の特性をふまえた組織開発の理論と実践」『鳴門教育大学研究紀要』25、pp.130-140

―――（2011）「学力と学校組織：『効果のある学校』研究の検討をふまえた学校経営研究の課題」『日本教育経営学会紀要』53、pp.36-45

―――（2014）「学校組織マネジメント研修プログラムの構成と効果に関する研究：学校組織開発理論に立脚した論拠と有効性の基盤を有する組織マネジメント研修の開発」『鳴門教育大学研究紀要』29、pp.122-133

―――・山沖幸喜（2009）「学力向上の取り組みと学校組織開発：学校組織開発理論を活用した組織文化の変容を通した学力向上取り組みの事例」『鳴門教育大学研究紀要』24、pp.75-93

―――・宮根修（2011）「学校における内発的改善力を高めるための組織開発（学校組織開発）の展開と類型：価値的目標生成型の学校組織開発の展開をふまえて」『鳴門教育大学研究紀要』26、pp.128-143

―――・竹崎有紀子（2011）「漸進的な学校組織開発の方法論の構築とその実践的有効性に関する事例研究」『日本教育経営学会紀要』53、pp.75-90

貞広斎子（2009）「学校評議員制度の機能要因に関する実証的研究：学校ガバナンス構築に向けた学校評議員の意識分析」『千葉大学教育学部研究紀要』57、pp.145-149

佐藤修司（1998）「教育基本法10条論と内外事項区分論の現在」『教育学研究』65⑶、pp.19-27

―――（2006）「国民の教育権論と内外事項区分論」『秋田大学教育文化学部研究紀要　教育科学部門』61、pp.61-69

佐藤学・岩川直樹・秋田喜代美（1991）「教師の実践的思考様式に関する研究⑴：熟練教師と初任教師のモニタリングの比較を中心に」『東京大学教育学部紀要』30、pp.177-198

―――・秋田喜代美・岩川直樹・吉村敏之（1991）「教師の実践的思考様式に関する研究⑵：思考過程の質的検討を中心に」『東京大学教育学部紀要』31、pp.185-200

篠原岳司（2007）「米国大都市学区教育改革における教師の位置：分散型リーダーシップと相補的アカウンタビリティのフレームより」『北海道大学大学院教育学研究院紀要』102、pp119-141

志水宏吉（2010）『学校にできること：一人称の教育社会学』角川学芸出版

竹本信介（2010）「外務省の行政責任論」『立命館法学』331、pp.997-1021

露口健司（1995）「教師の教育責任構造と責任ディレンマに関する考察」『教育経営教育行政学研究紀要』2、pp.97-109

―――（2008）『学校組織のリーダーシップ』大学教育出版

―――（2011a）「学校組織における授業改善のためのリーダーシップ実践－分散型リーダーシップ・アプローチ－」『愛媛大学教育学部紀要』58、pp.21-38

―――（2011b）「教師の授業力を高める組織とリーダーシップ：専門的コミュニティとサーバント・リーダーシップに焦点をあてて」『愛媛大学教育実践総合センター紀要』29、pp.101-111

―――（2012）『学校組織の信頼』大学教育出版

―――（2013）「専門的な学習共同体（PLC）が教師の授業力に及ぼす影響のマルチレベル分析」『日本教育経営学会紀要』55、pp.66-81

―――・佐古秀一（2004）「校長のリーダーシップと自律的学校経営」河野和清 編『地方分権化における自律的学校経営の構築に関する総合的研究』多賀出版、pp.175-201

中嶋哲彦（2000）「学校の合意形成と教職員の参加」日本教育経営学会編『自律的学校経営と教育経営』玉川大学出版部、pp.149-164

中條安芸子（2006）「日本における学校評議員制度：評議員の立場から見る今後の活用の方向性」『情報研究』35、pp.359-366

中留武昭（1986）「第1章　戦後教育経営研究の軌跡と課題」「第1節　学校経営研究」日本教育経営学会 編『教育経営研究の軌跡と展望』、pp.9-35

────（1998）『学校文化を創る校長のリーダーシップ』エイデル研究所

鍋島祥郎（2003）『効果のある学校』解放出版社

西尾勝（1993）『行政学』有斐閣

橋本鉱市（2006）「専門職の『量』と『質』をめぐる養成政策─資格試験と大学教育」『東北大学大学院教育学研究科研究年報』54(2)、pp.111-135

葉養正明（2005）「学校経営者の保護者・地域社会、子どもとの新たな関係」『日本教育経営学会紀要』47、pp.36-46

日高和美（2002）「学校評議員制度が校長の意思決定に及ぼす影響：校長の制度認識に焦点をあてて」『九州教育学会研究紀要』30、pp.163-170

────（2004）「学校評議員制度の運用に影響を及ぼす要因に関する一考察：県教育委員会の条件整備に着目して」『教育経営学研究紀要』7、pp.59-64

平田淳（2007）『『学校協議会』の教育効果に関する研究：「開かれた学校づくり」のエスノグラフティ』東信堂

────（2008）「『『教育におけるアカウンタビリティ』概念の構造と構成要素に関する一考察」『弘前大学教育学部紀要』100、pp.89-98

────（2009）「教育改革政策のアカウンタビリティ構造に関する一考察」『弘前大学教育学部紀要』101、pp.139-150

平田誠・池田哲也・水野秀則・服部晃（2010）「岐阜県総合教育センターにおける教員研修の現状と課題：本県の教職員の年齢構成等を踏まえて」『日本教育情報学会年会論文集』26、pp.230-233

広田照幸（2004）『教育』岩波書店

福嶋尚子（2013）「親との関係における教職の専門的自律性の確保と規定」『東京大学大学院教育学研究科教育行政学論叢』33、pp.163-177

福元健太郎（2002）「参加」福田有広・谷口将紀 編『デモクラシーの政治学』東京大学出版会、pp.234-250

藤原文雄（1999a）「学校経営における『協働』理論の軌跡と課題(1)：高野桂一の『協働』論の検討」『東京大学大学院教育学研究科教育行政学研究室紀要』18、pp.113-123

────（1999b）「学校経営における『協働』理論の軌跡と課題(2)：バーナードの『協働体系』としての学校の検討」『東京大学大学院教育学研究科教育行政学研究室紀要』18、pp.125-135

本多正人（2009）「公共経営改革と教育改革」『教育学研究』76⑷、pp.26-39

毎熊浩一（2002）「NPM 型行政責任再論―市場式アカウンタビリティとレスポンシビリティの矛盾―」『会計検査研究』25、pp.103-117

真淵勝（2010）『官僚』東京大学出版会

水本徳明（2009）「学校空間のミクロ・ポリティクス」『日本教育行政学会年報』35、pp.60-76

宮川公男・秋吉貴雄（1996）「行政統制システムの再創造：会計検査の位置づけ」『会計検査研究』14、pp.9-22

宮川公男・山本清 編著（2002）『パブリック・ガバナンス』日本経済評論社

宗像誠也（1969）『教育行政学序説（増補版）』有斐閣

村上祐介（2011）『教育行政の政治学』木鐸社

―――（2014）「教育委員会改革からみた地方自治制度の課題」『自治総研』430、pp.75-91

村松岐夫（1964）「行政学における責任論の課題」『法学論叢』75⑴、pp.57-95

―――（1974）「行政学における責任論の課題・再論」『法学論叢』95⑷、pp.1-36

―――（1999）『行政学教科書』有斐閣

森田朗（1996）『現代の行政』放送大学教育振興会

山本清（2013）『アカウンタビリティを考える―どうして「説明責任」になったのか』NTT 出版

山下晃一（2002）『学校評議会制度における政策決定』多賀出版

世取山洋介（2008）「新自由主義教育政策を基礎づける理論の展開とその全体像」佐貫浩・世取山洋介 編『新自由主義教育改革：その理論・実態と対抗軸』大月書店、pp.36-52

笠京子（2002）「NPM とは何か：執政部、市場、市民による民主的行政統制」『香川法学』21（3/4）、pp.159-208

渡部蓊（2006）『臨時教育審議会―その提言と教育改革の展開―』学術出版会

〈英文〉

Bauch, P. A. and E. B. Goldring（1998）"Parent-Teacher Participation in the Context of School Governance" *Peabody Journal of Education* , 3(1), pp.15-35.

Becker, H. J. and J. L. Epstain（1982）"Parent Involvement : A Survey of Teacher Practices" *The Elementary School Journal*, 83(2), pp.85-102.

Bryk, A., E Camburn and K. S. Louis（1999）"Professional Community in Chicago

Elementary Schools: Facilitating Factors and Organizational Consequences",
Educational Administration Quarterly, 35, Supplement, pp751-781.

Bryk, A., P. B. Sebring, E. Allensworth, S. Luppescu and J. Q. Easton (2010)
Organizing Schools for Improvement: Lessons from Chicago, Chicago:
University of Chicago Press.

Elmore, R. F. (2004) *School Reform from the Inside Out*, Cambridge: Harvard
Education Publishing Group. (＝2006, 神山正弘 訳 『現代アメリカの学校改革：
教育政策・教育実践・学力』同時代社)

Epstein, J., L. and S. L. Dauber (1991) "School Programs and Teacher Practices of
Parent Involvement in Inner-City Elementary and Middle Schools" *The
Elementary School Journal*, 91(3), pp. 289-305

Epstein, J. L. (1995) "School / family / community partnerships : Caring for the
children we share", *Phi Delta Kappan*, 76(9), pp.701-712.

Gamoran, A., W. Secada and C. Marrett (2000) "The Organizational Context of
Teaching and Learning: Changing Theoretical Perspectives", in M. Hallinan
eds. *Handbook of the Sociology of Education*, pp.37-63.

Gilbert, C. E. (1959) "The Framework of Administrative Responsibility", *The
Journal of Politics*, 21(3), pp373-407.

Hallinger, P., and R. H. Heck (1997) "Exploring the Principal's Contribution to
School Effectiveness: 1980-1995", *School Effectiveness and School Improvement*,
9(2), pp.151-191.

Hargreaves, A. (2003) *Teaching in the Knowledge Society*, Maidenhead: Open
University Press.

Lavie, J. M. (2006) "Academic Discourses on School-Based Teacher Collaboration:
Revisiting the Arguments", *Educational Administration Quarterly*, 42(5),
pp.773-805.

Lee, V. E., R. F. Dedrick and J. N. Smith (1991) "The Effect of the Social
Organization of School on Teachers' Efficacy and Satisfaction", *Sociology of
Education*, 64(3), pp.109-208.

――――, J. B. Smith and R. G. Croninger (1997) "How High School Organization
Influences the Equitable Distribution of Learning in Mathematics and Science",
Sociology of Education, 70(2), pp.128-150.

Lipsky, M. (1980) *Street-level Bureaucracy*, New York: The Russell Sage

Foundation.（＝1986、田尾雅夫 訳『行政サービスのディレンマ：ストリート・レベルの官僚制』木鐸社）

Long, J. S. (1999) *Regression Models for Categorical and Limited Dependent Variables*, Thousand Oaks: Sage Publications.

Louis, K. S., H. M. Marks and S. Kruse (1996) "Teachers' professional community in restructuring schools", *American Educational Research Journal*, 33(4), pp.757-798.

Mattingly, D. J., R. Prislin, T. L. McKenzie, L. L. Rodriguez, and B. Kayzar (2002) "Evaluating Evaluations : The Case of Parent Involvement Programs," *Review of Educational Research*, 72(4), pp.549-576.

Newmann, F. M., R. A. Rutter and M. S. Smith (1989) "Organizational Factors That Affect Schools Sense of Efficacy, Community, and Expectations", *Sociology of Education*, 11(3), pp.307-312.

Putnam, R. D. (1993) *Making democracy work : civic traditions in modern Italy*, Princeton: Princeton University Press.（＝2001、河田潤一訳『哲学する民主主義』NTT 出版）

Sammons, P., J. Hillman and P. Mortimore (1995) *Key Characteristics of Effective Schools: A Review of School Effectiveness Research*, London: University of London Institute of Education.

Shön, D. A. (1983) *The Reflective Practitioner : How Professionals Think in Action*, New York: Basic Books.（＝2001、佐藤学・秋田喜代美 訳『専門家の知恵：反省的実践家は行為しながら考える』ゆみる出版）

〈答申・資料など〉

大蔵省印刷局（1988）『教育改革に関する答申臨時教育審議会答申―臨時教育審議会第一次～第四次（最終）答申―』

臨時教育審議会「家庭・学校・地域の連携に関する分科会」議事次第（国立公文書館所蔵、昭62文部20243100）

中央教育審議会「21世紀を展望した我が国の教育の在り方について」（第一次答申）http://www.mext.go.jp/b_menu/shingi/12/chuuou/toushin/960701.htm

「21世紀に向けた地方教育行政の在り方に関する調査研究協力者会議（論点整理）」http://www.mext.go.jp/b_menu/shingi/chousa/shotou/017/toushin/970901.htm#01

中央教育審議会「今後の地方教育行政の在り方について（答申）」（平成10年 9 月 1
日）
　http://www.mext.go.jp/b_menu/shingi/12/chuuou/toushin/980901.htm
中央教育審議会「今後の地方教育行政に関する小委員会」議事録
　http://www.mext.go.jp/b_menu/shingi/12/chuuou/index.htm#toushin
文部科学省　学校教員統計調査―平成25年度（中間報告）の結果の概要
　http://www.mext.go.jp/b_menu/toukei/chousa01/kyouin/kekka/k_
　detail/1349035.htm

あ と が き

　本書は、2015年3月に東京大学に提出した博士学位請求論文「教育経営における責任・統制構造に関する研究」(2016年3月9日に博士(教育学)授与)に若干の修正を加えたものである。本書の内容に関して、研究を進める過程において以下の論稿を公表しているが、博士論文及び本書の執筆にあたっては大幅な加筆・修正を行った。

序章　書き下ろし

第1章　三浦智子 (2011)「保護者・地域住民の教育要求と学校・教職員の関係についての予備的考察」『東京大学大学院教育学研究科紀要』第50巻、305-314頁

第2章　三浦智子 (2016)「教育経営における責任・統制構造に関する試論」『神奈川大学心理・教育研究論集』第40号、39-54頁

第3章　三浦智子 (2006)「学校評議員制度の機能を規定する要因の分析―制度運用の実態に着目して―」『日本教育経営学会紀要』第48号、130-145頁

第4章　三浦智子 (2013)「保護者による学校参加と学校のアカウンタビリティを支える条件に関する考察」『神奈川大学心理・教育研究論集』第34号、53-62頁

第5章　三浦智子 (2018)「教員間の協働が学校の『民主性』にもたらす影響―教員及び保護者を対象とした質問紙調査結果の分析を通して―」『弘前大学教育学部紀要』第119号、127-135頁

第6章　三浦智子 (2012)「学校アカウンタビリティ保障における教員の相互作用の機能に関する考察―公立小学校校長質問紙調査の分析を

通して—」『教育行政学論叢（東京大学大学院教育学研究科　教育行政学研究室紀要）』第32号、37-46頁

第7章　三浦智子（2014）「教員間の協働の促進要因に関する計量分析—学校組織の社会的・制度的環境に着目して—」『日本教育行政学会年報』第40号、126-143頁

終章　書き下ろし

　大学院修士課程に進学して以来、教育行政・学校経営に対する「民主的統制」の仕組みが有する課題について研究関心を持ち続けてきた。本書は、稚拙ながらこれまでに進めてきた研究をまとめたものであるが、この間、多くの方々にお世話になった。

　修士課程進学時よりご指導をいただいた小川正人先生、勝野正章先生には、まずもって御礼を申し上げなくてはならない。

　両先生のご指導を通して、研究課題へのアプローチの仕方のみならず、教育行政学研究に対する姿勢を学ばせていただいたことは、筆者にとって幸甚の至りである。

　筆者が教育政策決定過程を対象とした実証研究に強い興味を抱いたのは、小川先生のご研究への憧憬によるところが大きい。無鉄砲な筆者が研究者を目指してスタートを切ることができたのは、何より、小川先生が寛大な心で後押しをくださったお蔭である。朗らかな中にも信念のあるお言葉は、いつも筆者の気持ちを強くしてくださった。

　勝野先生には、博士論文の主査をしていただいた。大学院在学中より、研究作業の進捗にあわせて常に先を見据えた的確なご指導をくださり、筆の遅い筆者を、根気強く励ましてくださった。教育現場への思いが込められたお言葉のひとつひとつが、より広く深い研究視点を持つように促してくださった。就職後も、あたたかいご配慮とご指導をいただいている。心より感謝を申し上げたい。

博士論文の審査においては、勝野先生に加え、大桃敏行先生、村上祐介先生、橋本鉱市先生、山本清先生にお世話になった。多くの有益なご指摘は、今後の研究に向けて大きな励みとなっている。

　また、出身研究室の先輩や後輩には、研究活動を進める上で、様々な局面において、多くのご指導やご援助に加え大変有り難い激励をいただいた。あらためて御礼を申し上げたい。

　ほかにも多くの方々のご指導・ご援助をいただきながら、本研究が少なからず課題を残すこととなったのは筆者の力量不足のためにほかならない。今後、より一層研究活動に邁進する所存である。

　なお、本書は、2018年度独立行政法人日本学術振興会科学研究費助成事業・科学研究費補助金（研究成果公開促進費）（学術図書 JP18HP5207）の交付を受けて刊行したものである。また、風間書房には本書の出版を快くお引き受けいただき、風間敬子氏には非常に懇切丁寧なサポートを頂戴した。ここに記して厚く御礼申し上げる。

　最後に、私事にわたり恐縮であるが、筆者を見守り心の支えとなってくれる両親と家族に感謝したい。

2019年1月7日

　　　　　　　　　　　　　　　　　　　　三浦　智子

資　　料

資料1 「学校運営における学校と保護者・地域住民との関係についての実態・意識調査」調査票

Q1. まず貴校の概要についておたずねします。

① 学校名（　　　　）都・県（　　　　）市・区・町・村　立（　　　　）小学校

② 児童生徒数　全校（　　　　）名

1年（　）学級（　　）名　2年（　）学級（　　）名　3年（　）学級（　　）名

4年（　）学級（　　）名　5年（　）学級（　　）名　6年（　）学級（　　）名

Q2. 校長先生ご自身の職歴に関してお聞かせください。（平成16年8月1日現在）

① 校長職（　　　　）年目

② 行政職の経験

　　1. あり　　2. なし

③ これまでに赴任された学校の数と市町村数

　　（　　　　）校　（　　　　）市町村

④ ③のうち校長職に就かれてから赴任された学校の数と市町村数

　　（　　　　）校　（　　　　）市町村

⑤ 現在の学校に赴任されてから（　　　　）年目

⑥ 現在勤務されている市区町村に赴任されてから（　　　　）年目

貴校における保護者・地域住民による各種学校行事への出席や学校参加の状況についておたずねします。

Q3. 学級保護者会への保護者の平均的な参加率をお聞かせください。

　　1. 0～2割　　2. 2～4割　　3. 4～6割　　4. 6～8割　　5. 8割以上

Q4. 授業参観への保護者・地域住民の参加率をお聞かせください。

　　1. 0～2割　　2. 2～4割　　3. 4～6割　　4. 6～8割　　5. 8割以上

Q5. 学校行事（運動会、学芸会など）への保護者・地域住民の参加率をお聞かせください。

　　1. 0～2割　　2. 2～4割　　3. 4～6割　　4. 6～8割　　5. 8割以上

資　料　209

Q6．学校への苦情や要望、状況把握に関する保護者や地域住民による問い合わせ（学校への電話、訪問、手紙によるもの）の頻度についてお聞かせください。

(a)校長先生、教頭先生に対する問い合わせ

① 保護者による問い合わせ　　　　一ヶ月あたり（　　　　）件程度

② 地域住民による問い合わせ　　　一ヶ月あたり（　　　　）件程度

(b)学級担任に対する問い合わせ

① 保護者による問い合わせ　　　　一ヶ月あたり（　　　　）件程度

② 地域住民による問い合わせ　　　一ヶ月あたり（　　　　）件程度

貴校と地域との交流の状況や、地域住民の活動状況についておたずねします。

Q7．総合的な学習の時間などにおいて、地域の人材を外部指導者等に活用されていますか？

1．活用している　　2．活用していない

Q8．学習支援ボランティアなどを通じて、保護者・地域住民による授業や学習指導への協力は行われていますか？

1．行われている　　　2．行われていない

Q9．学校施設の地域住民への開放を実施されていますか？

1．実施している　　2．実施していない

→「1．実施している」とお答えの場合、①開放している時間と②その時間帯についてお聞かせください。

① 1週間あたり（　　　　）日程度

② 平日…授業時間内（　　　　）時間程度／授業時間後（　　　　）時間程度

　　土・日、祝日…昼間17：00まで（　　　　）時間程度／夜間17：00以降（　　　　）時間程度

Q10．地域（学区内）で子ども会や野球チーム等の社会教育団体は組織されていますか？

1．組織されている　　　　2．組織されていない　　　　3．わからない

Q11．学区内における地域住民の活動や行事に学校はどのように参加していますか？(a)〜(e)の項目に関してお答えください。

(a)防犯活動の実施

1．している　　　2．していない

(b) 社会教育施設（公民館、図書館、博物館等）との連携による教育活動の実施

    1．している　　　2．していない

(c) 町内会や子ども会との連携による行事（スポーツ大会等）の開催

    1．している　　　2．していない

(d) 地域におけるボランティア活動の推進

    1．している　　　2．していない

(e) その他（　　　　　　　　　　　　　　　　　　　　　　　　　）

Q12.　校長先生ご自身は、地域（学区内）において開催される町内会や子ども会、社会教育団体による活動やイベントなどにどの程度参加されていますか？過去1年程度のご経験についてお聞かせください。

  1．年に1〜3回程度参加している

  2．年に4〜6回程度参加している

  3．年に7〜9回程度参加している

  4．年に10回以上参加している

  5．特に参加していない

  6．その他（　　　　　　　　　　　　　）

> 貴校の学校運営に関しておたずねします。

Q13.　貴校では、学校評議員もしくは類似制度による委員等を設置していますか？

  1．設置している　（・・・Q15へお進み下さい）

  2．類似制度による委員等を設置している　（・・・Q15へお進み下さい）

  3．設置していない　（・・・Q24へお進み下さい）

Q14.　貴校において、学校評議員（または類似委員）を設置した年度について、また②設置の経緯について該当するものをお選びください。

  ① 設置：平成（　　　）年度

  ② 設置の経緯　　1．教育委員会の決定により設置

              2．教育委員会の指示により、学校単位で設置を決定

              3．学校で独自に決定

              4．その他（　　　　　　　　　　　　　　　　　　　　　）

資　料　211

Q15. 学校評議員（もしくは類似委員）の①構成人数と、③構成員として該当するものに〇印をつけた上でその人数をご記入ください。

① 構成人数…全（　　　　　　）名

② 構成員内訳

1．校長　2．教頭　3．教員（　　　　　）名　4．保護者（　　　　　）名

5．児童（　　　　　）名　6．自治会等関係者（　　　　　）名　7．学識経験者（　　　　　）名

8．企業関係者（　　　　　）名　9．同窓会関係者（　　　　　）名

10．社会教育団体関係者（　　　　　）名　11．社会福祉施設・団体関係者（　　　　　）名

12．その他（　　　　　　　　　　　　　　　）

Q16. 学校評議員（もしくは類似委員）の任期についてお聞かせください。

1．1年以内　　　　　2．1年～2年　　　　　3．3年以上

Q17. 学校評議員（もしくは類似委員）の選出の方法についてお聞かせください。

1．校長による指名　　2．公募　　3．保護者による推薦

4．社会教育団体等の団体による推薦

4．その他（　　　　　　　　　　　　　　　　　　　　　　　　　　　　　）

Q18. Q17でお聞きした現在の学校評議員（もしくは類似委員）の選出の方法について、満足、納得されていますか？

1．している　　　　2．していない

→「2．していない」とお答えの場合、どのような選出の方法が適切であるとお考えですか？該当するものをお答えください。

1．校長による指名　　2．公募　　3．保護者による推薦

4．社会教育団体等の団体による推薦

4．その他（　　　　　　　　　　　　　　　　　　　　　　　　　　　　　）

Q19. 学校評議員（もしくは類似委員）の会合は開催されていますか？

1．開催している　　　2．開催していない

→「1．開催している」とお答えの場合、

① 年に何回程度会合を開催されているかお聞かせください。

1．1～3回　　　2．4～6回　　　3．7回以上　　4．その他（　　　　　　　　　　　）

② 会合の様子に関して、(a) 〜 (e) の項目それぞれについて、該当するものをお答えください。

(a) 学校評議員（もしくは類似委員）から様々な意見や要求が出され、まとまらないことが多い。

1．大変当てはまる　　　　2．やや当てはまる　　　3．どちらとも言えない

4．あまり当てはまらない　5．まったく当てはまらない

(b) 学校教職員と学校評議員（もしくは類似委員）との間で、意見や要望が異なることが多い。

1．大変当てはまる　　　　2．やや当てはまる　　　3．どちらとも言えない

4．あまり当てはまらない　5．まったく当てはまらない

(c) 会合のテーマは、学校側の意向や課題より、学校評議員（もしくは類似委員）の意向や課題を尊重して設定している。

1．大変当てはまる　　　　2．やや当てはまる　　　3．どちらとも言えない

4．あまり当てはまらない　5．まったく当てはまらない

(d) 学校教育活動の内容に関して学校側の説明や対応に、学校評議員（もしくは類似委員）は納得し、満足している。

1．大変当てはまる　　　　2．やや当てはまる　　　3．どちらとも言えない

4．あまり当てはまらない　5．まったく当てはまらない

(e) 評議員（もしくは類似委員）による発言は、教育活動の内容について学校側の説明を求めるものよりも、学校側に要望や意見を述べるものの方が多い。

1．大変当てはまる　　　　2．やや当てはまる　　　3．どちらとも言えない

4．あまり当てはまらない　5．まったく当てはまらない

Q20. 評議員（もしくは類似委員）の要望や意見（会合において審議された内容や個人的に諮問された内容）は学校を運営されるにあたりどの程度参考にされていますか？①〜⑩の項目それぞれについて、該当するものをお答えください。

	まったく参考にしていない	あまり参考にしていない	どちらともいえない	やや参考にしている	大変よく参考にしている
①学校の教育目標や課題の設定に関して	1	2	3	4	5
②カリキュラムの編成に関して	1	2	3	4	5
③教科指導の方法に関して	1	2	3	4	5
④生活指導に関して	1	2	3	4	5
⑤クラブ活動に関して	1	2	3	4	5
⑥学校行事に関して	1	2	3	4	5
⑦学校予算の使途に関して	1	2	3	4	5

資　　料　213

⑧教員の配置に関して　　　　　　　1　　2　　3　　4　　5

⑨学校施設・設備に関して　　　　　1　　2　　3　　4　　5

⑩その他（　　　　　　　　）　　　1　　2　　3　　4　　5

Q21. 評議員（もしくは類似委員）の要望や意見、批判等は、学校内の教職員に伝達されていますか？

　1．まったくしていない　　　　2．あまりしていない　　　　3．どちらとも言えない

　4．ややしている　　　　　　　5．大変よくしている

Q22. 評議員（もしくは類似委員）によって出された要望や意見、批判等は、教育委員会に伝達されていますか？

　1．まったくしていない　　　　2．あまりしていない　　　　3．どちらとも言えない

　4．ややしている　　　　　　　5．大変よくしている

Q23. 校長先生ご自身は、「地域の多様なニーズを尊重し、地域に説明責任を負う学校経営を行う」という観点から、現在の学校評議員（もしくは類似）制度をどのように評価されますか？

　1．まったく機能していない　　　2．あまり機能していない　　　3．どちらともいえない

　4．まあまあよく機能している　　5．大変よく機能している

Q24. 現在の学校評議員（もしくは類似）制度は、今後改善されるとすれば、どのように改善されてゆくべきであるとお考えですか？ご自由にお答えください。

Q25. 通学区域の弾力化・学校選択制を導入していますか？

　1．している　　　　2．していない

→「1．している」とお答えの場合、従来の学区域外から入学する児童の、全校児童数における割合についてお答えください。

　1．0～5％　　　2．5～10％　　　3．10～15％　　　4．15～20％　　　5．20～25％

　6．25％以上

Q26. 学校外部者による学校評価を実施されていますか？

　1．している　　　2．していない

→「1．している」とお答えの場合、

　①　評価者について該当するものをお答えください。（複数回答可）

　　1．保護者　　2．地域住民　　3．学識経験者　　4．学校評議員（もしくは類似委員）

　　5．児童　　　6．教育委員会　　7．その他（　　　　　　　　　　　　　　　　　）

　②　評価結果については学校外部に公表されていますか？

　　1．公表している　　2．公表していない

Q27. 学校運営において意思決定を行うにあたり、どなたの意向や要望をどの程度参考にされますか？(a)～(e)の項目について①～⑪それぞれにお答えください。

	まったく参考にしていない	あまり参考にしていない	どちらともいえない	やや参考にしている	大変よく参考にしている
(a)　教育目標・計画・課題の設定に関して					
①国の政策動向や政策文書	1	2	3	4	5
②都道府県教育委員会の指導・助言	1	2	3	4	5
③市町村教育委員会の指導・助言	1	2	3	4	5
④教頭	1	2	3	4	5
⑤教務主任	1	2	3	4	5
⑥教員	1	2	3	4	5
⑦保護者	1	2	3	4	5
⑧地域住民	1	2	3	4	5
⑨学校評議員（もしくは類似委員）	1	2	3	4	5
⑩児童	1	2	3	4	5
⑪その他（　　　　　　　　）	1	2	3	4	5
(b)　学校裁量経費の使途に関して					
①国の政策動向や政策文書	1	2	3	4	5
②都道府県教育委員会の指導・助言	1	2	3	4	5
③市町村教育委員会の指導・助言	1	2	3	4	5

④教頭　　　　　　　　　　　　　　　　　　　1　　2　　3　　4　　5

⑤教務主任　　　　　　　　　　　　　　　　　1　　2　　3　　4　　5

⑥教員　　　　　　　　　　　　　　　　　　　1　　2　　3　　4　　5

⑦保護者　　　　　　　　　　　　　　　　　　1　　2　　3　　4　　5

⑧地域住民　　　　　　　　　　　　　　　　　1　　2　　3　　4　　5

⑨学校評議員（もしくは類似委員）　　　　　　1　　2　　3　　4　　5

⑩児童　　　　　　　　　　　　　　　　　　　1　　2　　3　　4　　5

⑪その他（　　　　　　　　　　　　　）　　　1　　2　　3　　4　　5

(c)　人事異動（具申権の行使）に関して

①国の政策動向や政策文書　　　　　　　　　　1　　2　　3　　4　　5

②都道府県教育委員会の指導・助言　　　　　　1　　2　　3　　4　　5

③市町村教育委員会の指導・助言　　　　　　　1　　2　　3　　4　　5

④教頭　　　　　　　　　　　　　　　　　　　1　　2　　3　　4　　5

⑤教務主任　　　　　　　　　　　　　　　　　1　　2　　3　　4　　5

⑥教員　　　　　　　　　　　　　　　　　　　1　　2　　3　　4　　5

⑦保護者　　　　　　　　　　　　　　　　　　1　　2　　3　　4　　5

⑧地域住民　　　　　　　　　　　　　　　　　1　　2　　3　　4　　5

⑨学校評議員（もしくは類似委員）　　　　　　1　　2　　3　　4　　5

⑩児童　　　　　　　　　　　　　　　　　　　1　　2　　3　　4　　5

⑪その他（　　　　　　　　　　　　　）　　　1　　2　　3　　4　　5

(d)　カリキュラムの内容に関して

①国の政策動向や政策文書　　　　　　　　　　1　　2　　3　　4　　5

②都道府県教育委員会の指導・助言　　　　　　1　　2　　3　　4　　5

③市町村教育委員会の指導・助言　　　　　　　1　　2　　3　　4　　5

④教頭　　　　　　　　　　　　　　　　　　　1　　2　　3　　4　　5

⑤教務主任　　　　　　　　　　　　　　　　　1　　2　　3　　4　　5

⑥教員　　　　　　　　　　　　　　　　　　　1　　2　　3　　4　　5

⑦保護者　　　　　　　　　　　　　　　　　　1　　2　　3　　4　　5

⑧地域住民	1	2	3	4	5
⑨学校評議員（もしくは類似委員）	1	2	3	4	5
⑩児童	1	2	3	4	5
⑪その他（　　　　　　　　　　）	1	2	3	4	5

(e)　学校行事に関して

①国の政策動向や政策文書	1	2	3	4	5
②都道府県教育委員会の指導・助言	1	2	3	4	5
③市町村教育委員会の指導・助言	1	2	3	4	5
④教頭	1	2	3	4	5
⑤教務主任	1	2	3	4	5
⑥教員	1	2	3	4	5
⑦保護者	1	2	3	4	5
⑧地域住民	1	2	3	4	5
⑨学校評議員（もしくは類似委員）	1	2	3	4	5
⑩児童	1	2	3	4	5
⑪その他（　　　　　　　　　　）	1	2	3	4	5

Q28.　教育委員会における政策決定に、学校の意向や要望はどの程度反映されていると思われますか？①～⑤の項目それぞれについて該当するものをお答えください。

	されていない反映まったく	れていないさあまり反映	えないどちらともい	ているやや反映され	されている大変よく反映
①教員人事について	1	2	3	4	5
②学校予算について	1	2	3	4	5
③少人数指導（加配教員の配置）について	1	2	3	4	5
④教科書の選定について	1	2	3	4	5
⑤学校改革の方針・内容について	1	2	3	4	5
⑥学校施設・設備について	1	2	3	4	5

資　料　217

Q29. 学校運営においては各学校の裁量が拡大される改革動向にありますが、校長先生ご自身は今後、保護者・地域住民の要望や意向をどの程度学校運営に反映させていきたいとお考えですか？①～⑩の項目それぞれについて該当するものをお答えください。

	反映させたくない	あまり反映させたくない	どちらとも言えない	やや反映させていきたい	大いに反映させていきたい
①学校の教育目標や課題の設定に関して	1	2	3	4	5
②カリキュラムの編成に関して	1	2	3	4	5
③教科指導の方法に関して	1	2	3	4	5
④生活指導に関して	1	2	3	4	5
⑤クラブ活動に関して	1	2	3	4	5
⑥学校行事に関して	1	2	3	4	5
⑦学校予算の使途に関して	1	2	3	4	5
⑧教員の配置に関して	1	2	3	4	5
⑨学校施設・設備に関して	1	2	3	4	5
⑩その他（　　　　　　　　　）	1	2	3	4	5

　アンケートを通しての疑問点や解答に関する補足等、また保護者・地域住民の学校参加に関してお考えになられていることなどご自由にご記入ください。

　　　　　　　　　　　　　　　お忙しい中、調査に御協力頂きまして有り難うございました。

218

資料2 「学校、保護者・地域住民、教育委員会の関係に関する実態・意識調査」調査票

Q1．貴校についてお伺いします。

①学校の所在地

（　　　　　　　　）都・県　（　　　　　　　　　　）市・区・町・村

②全校児童数（　　　　　　）名

③教員数　全（　　　　　　）名

　うち新任教員（　　　　）名　臨時採用教員（　　　　　）名　非常勤教員（　　　　　）名

④教員の年齢構成

　20歳代（　　　　）名　　30歳代（　　　　）名　　40歳代（　　　　）名

　50歳代（　　　　）名　　60歳代（　　　　）名

⑤学校がある地域の特性

　1．農林漁業地域　　　　　　　2．工業地域　　　　　　　　　3．都市郊外の住宅地域

　4．都市中心部の住宅地域　　　5．都市中心部の商業地域

⑥学校運営協議会の設置の有無

　1．設置されている　　2．設置されていない　　3．設置を検討中

Q2．校長先生ご自身の職歴に関してお伺いします。

①校長職（　　　　）年目（　　　　）校目

②現在勤務されている学校における勤務年数（　　　　　）年目

③現在勤務されている市区町村における勤務年数（　　　　　）年目

④行政職のご経験

　1．あり（　　　　）年　2．なし

⑤教員以外の他の職種のご経験

　1．あり（　　　　）年　2．なし

Q3. 貴校の教育活動の様子についてお伺いします。それぞれの項目について、「とても当てはまる」～「まったく当てはまらない」のうちご自身の認識に最も近いものに○を付けてください。

	とても当てはまる	わりと当てはまる	どちらとも言えない	あまり当てはまらない	まったく当てはまらない
(1) 児童の学業成績に関して、基礎的・基本的な内容の定着が徹底されている	5 —	4 —	3 —	2 —	1
(2) 児童の学業成績に関して、必要に応じて発展的な内容が習得できている	5 —	4 —	3 —	2 —	1
(3) 児童は授業に集中して取り組んでいる	5 —	4 —	3 —	2 —	1
(4) 児童の生活態度には落ち着きがある	5 —	4 —	3 —	2 —	1
(5) 教職員は児童の成長・変化にやりがいを感じている	5 —	4 —	3 —	2 —	1
(6) 保護者は、学校の教育活動の内容に満足している	5 —	4 —	3 —	2 —	1

Q4. 貴校の在籍児童の保護者の教育に対する関心や、保護者・地域住民の学校参加の実態に関してお伺いします。(1)～(5)の項目については「とても当てはまる」～「まったく当てはまらない」のうちご自身の認識に最も近いものに、また、(6)～(8)の項目についてはおおよその割合として当てはまるものに○を付けてください。

	とても当てはまる	わりと当てはまる	どちらとも言えない	あまり当てはまらない	まったく当てはまらない
(1) 子どもの教育に熱心な保護者が多い	5 —	4 —	3 —	2 —	1
(2) 学校が行う教育活動の内容に関心が高い保護者が多い	5 —	4 —	3 —	2 —	1
(3) 学習支援ボランティア等の活動を積極的に行っている保護者が多い	5 —	4 —	3 —	2 —	1
(4) 地域住民による学校の教育活動への積極的な協力が得られている	5 —	4 —	3 —	2 —	1

(5) 地域住民から学校に対して、問い合わせや要望が寄
せられることが多い　　　　　　　　　　　5　—　4　—　3　—　2　—　1

(6) 学習塾など学校外の教育を受けさせている保護者の割合

1．2割未満　　　　　　　2．2割以上4割未満　　　　　　3．4割以上6割未満

4．6割以上8割未満　　　5．8割以上

(7) 学級保護者会への保護者の平均的な参加率

1．2割未満　　　　　　　2．2割以上4割未満　　　　　　3．4割以上6割未満

4．6割以上8割未満　　　5．8割以上

(8) 学校行事への保護者の平均的な参加率

1．2割未満　　　　　　　2．2割以上4割未満　　　　　　3．4割以上6割未満

4．6割以上8割未満　　　5．8割以上

Q5．貴校における保護者との関係に関してお伺いします。それぞれの項目について、「とても当
てはまる」〜「まったく当てはまらない」のうちご自身の認識に最も近いものに○を付けて
ください。

	とても当てはまる	わりと当てはまる	どちらとも言えない	あまり当てはまらない	まったく当てはまらない
(1) 学校での教育活動の実態について、校長として、保護者に対して説明している	5	4	3	2	1
(2) 学校・学級での教育活動の実態について、個々の教員は、保護者に対して説明できていると思う	5	4	3	2	1
(3) 保護者への対応の仕方に関して、教員から相談を受けることが多い	5	4	3	2	1
(4) 学校全体において、教育活動の実態について、保護者の理解を得られないケースが多い	5	4	3	2	1
(5) 学校全体において、学習指導について、保護者から要望が寄せられることが多い	5	4	3	2	1
(6) 学校全体において、生徒指導について、保護者から要望が寄せられることが多い	5	4	3	2	1

資　料　221

(7) 保護者の要望は、学校の教員間において共有している　　　5 — 4 — 3 — 2 — 1

(8) 保護者の要望が、教員の教育活動の制約になっている　　　5 — 4 — 3 — 2 — 1

(9) 教育目標の設定にあたり保護者の要望を参考にしている　　　5 — 4 — 3 — 2 — 1

(10) 児童に対する指導方法を改善する上で保護者の要望を参考にしている　　　5 — 4 — 3 — 2 — 1

Q6．学校評価の実施や児童の学力・学習状況の把握状況等に関してお伺いします。

(1) 貴校では、保護者による学校評価（保護者アンケート、あるいは保護者を評価者に含めた学校関係者評価など）を実施していますか。

　　1．実施している　⇒(2)にお進みください

　　2．実施していない　⇒(3)にお進みください

(2) 保護者による学校評価（保護者アンケート、あるいは保護者を評価者に含めた学校関係者評価など）の結果をどの程度参考にされていますか。それぞれの項目について、「大いに参考にしている」〜「まったく参考にしていない」のうちご自身の認識に最も近いものに○を付けてください。

	とても当てはまる	わりと当てはまる	どちらとも言えない	あまり当てはまらない	まったく当てはまらない
①学校における教員配置（校内人事）の参考にしている	5	4	3	2	1
②学校予算編成の参考にしている	5	4	3	2	1
③教育課程編成の参考にしている	5	4	3	2	1
④学習指導の改善の参考にしている	5	4	3	2	1
⑤生徒指導の改善の参考にしている	5	4	3	2	1

　　⑥その他、評価結果を参考にしている事柄がありましたら具体的にご記入ください。

(3) 市区町村教育委員会に報告した学校の自己評価結果（学校関係者評価や第三者評価を実施している場合はその結果を含む）が、教育委員会による学校予算配分や教員人事配置、学校への指導・助言などに反映されていると思われますか。それぞれの項目について、「大いに反映されている」～「まったく反映されていない」のうちご自身の認識に最も近いものに○を付けてください。

	大いに反映されている	わりと反映されている	どちらとも言えない	あまり反映されていない	まったく反映されていない
①教員の人事配置	5 —	4 —	3 —	2 —	1
②学校予算の配分	5 —	4 —	3 —	2 —	1
③教育課程編成に関する指導・助言	5 —	4 —	3 —	2 —	1
④学習指導に関する指導・助言	5 —	4 —	3 —	2 —	1
⑤生徒指導に関する指導・助言	5 —	4 —	3 —	2 —	1

⑥その他、評価結果が反映されていると思われる事柄がありましたら具体的にご記入ください。

[   ]

(4) 貴校では、児童の学力・学習状況について、どのような方法で把握されていますか。当てはまるものすべてに○を付けてください。

1. 国の作成する問題（「全国学力・学習状況調査」）を利用

2. 都道府県が独自に作成した問題を利用

3. 市区町村が独自に作成した問題を利用

4. 学校が独自に作成した問題を利用

5. 業者が作成した問題を利用

6. その他（具体的にご記入ください：   ）

(5) 児童の学力・学習状況にかかるデータについては、学校改善上どのように参考にし、活用されていますか。当てはまるものすべてに○を付けてください。

1. 教育課程編成を工夫する際の参考にしている

2. 各教員の指導方法を点検・改善する際の参考にしている

3. 学級編制の際の参考にしている

資　料　223

4．学校内における教員配置（校内人事）の参考にしている

5．習熟度別指導など、指導体制を工夫する際の参考にしている

6．保護者に対し、学校教育内容に関する説明を行う際に、児童の学力・学習状況を示している

7．全国の平均値と比較して、各教員の指導方法の改善への動機づけにしている

8．自治体の平均値と比較して、各教員の指導方法の改善への動機づけにしている

9．市区町村教育委員会から、児童の学力・学習状況に基づいた指導・助言が行われている

10．都道府県教育委員会から、児童の学力・学習状況に基づいた指導・助言が行われている

11．教育委員会により、児童の学力・学習状況を参考にした教員の人事異動・配置が行われている

12．その他（具体的にご記入ください：　　　　　　　　　　　　　　　　　　　　　　　　）

Q7．貴校における教員の職能向上に向けた取組みに関してお伺いします。

(1) 研究授業を伴う校内研修（学校全体で行うもの）はどの程度実施されていますか。

　1．実施していない　　　2．年間1～2回　　　3．年間3～4回　　　4．年間5～6回

　5．年間7～8回　　　6．年間9～10回　　　7．年間11回以上

(2) 研究授業を伴わない校内研修（学校全体で行うもの）はどの程度実施されていますか。

　1．実施していない　　　2．年間1～2回　　　3．年間3～4回　　　4．年間5～6回

　5．年間7～8回　　　6．年間9～10回　　　7．年間11回以上

(3) 教員間において、指導方法の研究のために日常的に同僚の教員の授業見学は行われていますか。

　1．頻繁に行われている

　2．一部教員の間では行われている

　3．日常的には行われていないが、必要が生じた時のみ行われている

　4．ほとんど行われていない

　5．わからない

(4) 校長先生は、日頃、教員が行う授業（研究授業を除く）を平均どの程度参観されていますか。

　1．特にしていない　　　　　　2．1年に1回程度

　3．半年に1回程度　　　　　　4．2～3ヶ月に1回程度

224

 5．1ヶ月に1回程度   6．1ヶ月に2～3回

 7．1週間に1回以上

 8．その他（具体的にご記入ください：   ）

⑸ 校長先生と教員との個人面談はどの程度実施されていますか。1週間当たり何時間程度を費やして実施されているか、具体的にご記入ください。

 1週間当たり（   ）時間程度

⑹ 指導方法の改善方策として効果的であると思われるものに、上位から3つ以内で○を付けてください。

 1．都道府県教育委員会が主催する研修 2．市区町村教育委員会が主催する研修

 3．都道府県教育委員会による指導・助言 4．市区町村教育委員会による指導・助言

 5．学校外で実施される研究会

 6．学校において実施する校内研修（研究授業を伴うもの）

 7．学校において実施する校内研修（研究授業を伴わないもの）

 8．学校において各学年で実施される打合せ 9．学校において教科ごとに実施される打合せ

 10．校長による指導や助言   11．副校長・教頭による指導や助言

 12．指導教諭による指導や助言   13．教務主任による指導や助言

 14．同僚間での相談

 15．その他（具体的にご記入ください：   ）

資　料　225

Q8．貴校の学校運営や教員の職務態度に関してお伺いします。それぞれの項目について、「とても当てはまる」～「まったく当てはまらない」のうちご自身の認識に最も近いものに○を付けてください。

	とても当てはまる	わりと当てはまる	どちらとも言えない	あまり当てはまらない	まったく当てはまらない
⑴ 授業づくりに力を注ぎやすい雰囲気がある	5	4	3	2	1
⑵ 日頃の職務に多忙感を訴える教員が多い	5	4	3	2	1
⑶ 職務に対する責任感の強い教員が多い	5	4	3	2	1
⑷ 専門職としての知識・技能の向上に積極的な教員が多い	5	4	3	2	1
⑸ 他校の取組みに関する情報は、学校改善に向けた取組みの参考となっている	5	4	3	2	1
⑹ 学校の教員とのコミュニケーションから、学校改善に向けたアイディアを得ることがある	5	4	3	2	1
⑺ 学校改善に向けた取組みにあたり、教員からの協力が得られにくいと感じる	5	4	3	2	1
⑻ 校長と教員との間において、業務上の円滑なコミュニケーションがとれている	5	4	3	2	1
⑼ 児童に対する指導方法は、もっぱら個々の教員の裁量に任せている	5	4	3	2	1
⑽ 児童に対する指導方法に関して、教員から相談を受けることが多くある	5	4	3	2	1
⑾ 個々の児童に対する指導方法に関して、教員と意見が対立した時は、教職員の判断を尊重することが多い	5	4	3	2	1
⑿ 学習指導や生徒指導、学級経営の方法等、同僚の教員間で日頃から気軽に業務の相談をしやすい雰囲気がある	5	4	3	2	1
⒀ 指導の方法・内容について、同僚の教員間で相互に支援がなされているようである	5	4	3	2	1
⒁ 教材研究や単元開発について、同僚の教員間で相互に支援がなされているようである	5	4	3	2	1

Q9. 貴校と教育委員会との関係についてお伺いします。

(1) 市区町村教育委員会の指導主事による学校訪問（計画訪問）はどの程度実施されていますか。年間におけるおおよその回数を具体的にご記入ください。

1年に（　　　　　）回程度

(2) 教育委員会には、どのような内容についてどの程度相談をされていますか。今年4月からのおおよその件数と、主な相談の具体的な内容について、相談の相手ごとにお答えください。

①**市区町村教育委員会 指導主事**に対して

今年4月から（　　　　　）回程度、相談をしている

相談の具体的な内容についてご記入ください。

②**市区町村教育委員会 指導課長**に対して

今年4月から（　　　　　）回程度、相談をしている

相談の具体的な内容についてご記入ください。

③**市区町村 教育長**に対して

今年4月から（　　　　　）回程度、相談をしている

相談の具体的な内容についてご記入ください。

④その他

①～③以外に、**市区町村教育委員会あるいは都道府県教育委員会**のどなたに、どのような相談をされているか、具体的にご記入ください。

資　料　227

(3) 市区町村教育委員会の政策や方針に関して、それぞれの項目について、「とても当てはまる」〜「まったく当てはまらない」のうちご自身の認識に最も近いものに○を付けてください。

	とても当てはまる	わりと当てはまる	どちらとも言えない	あまり当てはまらない	まったく当てはまらない
①教育委員会の示す教育方針は学校の実態に適っている	5	4	3	2	1
②教育委員会の学校に対する要請に応じることができている	5	4	3	2	1
③教育委員会から、学校運営に関して適切な指導・助言が受けられている	5	4	3	2	1
④教育課程の編成・実施にあたり教育委員会の示す基準・方針が学校の教育活動の制約になっている	5	4	3	2	1
⑤学校予算の配分状況が、学校が自主的な教育活動に取り組む上での制約になっている	5	4	3	2	1
⑥学校の教員に対して行う指導の内容に関して、教育委員会による支援は有効に機能している	5	4	3	2	1
⑦保護者・児童への対応の仕方に関して、教育委員会による支援は有効に機能している	5	4	3	2	1

(4) 貴校における教員の人事異動・配置に関して、それぞれの項目について、「とても当てはまる」〜「まったく当てはまらない」のうちご自身の認識に最も近いものに○を付けてください。

	とても当てはまる	わりと当てはまる	どちらとも言えない	あまり当てはまらない	まったく当てはまらない
①意見具申の内容が反映された教員の異動・配置が行われている	5	4	3	2	1
②学校の実態に適った教員配置が行われている	5	4	3	2	1

③異動に関する希望が適わず、不満を持っている教員が多い　　5 ― 4 ― 3 ― 2 ― 1

④教員の人手が不足しており、業務量の多さに対応できていない　　5 ― 4 ― 3 ― 2 ― 1

⑤非常勤教員の割合が多く、支障が生じている　　5 ― 4 ― 3 ― 2 ― 1

⑥臨時教員の割合が多く、支障が生じている　　5 ― 4 ― 3 ― 2 ― 1

⑦経験豊富な教員が不足し、支障が生じている　　5 ― 4 ― 3 ― 2 ― 1

⑧若手教員の指導者となる教員が不足している　　5 ― 4 ― 3 ― 2 ― 1

⑨校長からの相談に応じることのできる教員が少ない　　5 ― 4 ― 3 ― 2 ― 1

⑩校内人事における「適材適所」が難しい　　5 ― 4 ― 3 ― 2 ― 1

⑪各教員の異動サイクルが短い　　5 ― 4 ― 3 ― 2 ― 1

⑫その他、教員の異動・配置の実態について、問題点やご意見があればご記入ください。

　本調査の内容やご回答に関して、ご意見・ご感想や補足のご説明等がありましたら、ご自由にお書きください。

お忙しい中ご協力いただき、誠に有り難うございました。

資　料　229

資料3　「地域と学校との関係に関するアンケート調査」調査票

【教職員対象】

Q1．先生のキャリアについてお伺いいたします。以下の項目について、平成22年12月1日現在の状況をご記入ください。

① 職歴

　教職歴（＿＿＿＿）年　行政職歴（＿＿＿＿）年　その他（＿＿＿＿）年

② 年齢

　1．20歳代　　2．30歳代　　3．40歳代　　4．50歳代　　5．60歳代

③ 性別

　1．男性　　2．女性

④ 職名

　1．管理職　　2．教員（常勤）　　3．教員（非常勤）

　4．その他（＿＿＿＿＿＿＿＿＿＿＿＿＿＿＿＿＿＿＿＿）

⑤ 現在における担任学級の有無

　1．あり　→担任をしている学年：第（＿＿＿＿）学年

　　　　　　　担任学級の人数：（＿＿＿＿）名

　2．なし

⑥ 現在の在籍校での勤務年数（＿＿＿＿）年目

Q2. 学校の役割や保護者・地域との関係についての認識をお伺いします。(ア)〜(ス)のそれぞれの項目について、ご自身の認識に近い回答として「とても当てはまる」〜「まったく当てはまらない」のいずれかひとつに○を付けてください。

	とても当てはまる	わりと当てはまる	どちらとも言えない	あまり当てはまらない	まったく当てはまらない
(ア) 学校で行っている教育活動は、成果を上げているという自信がある	5	4	3	2	1
(イ) 学校で教えていることは、子どもが社会に出た時に必ず役に立つと思う	5	4	3	2	1
(ウ) 学校でも児童のしつけや生活習慣の形成を図っていく必要があると感じている	5	4	3	2	1
(エ) 学校・学級での教育活動の実態について、保護者に対し、説明している	5	4	3	2	1
(オ) 個々の保護者が学校に何を求めているのか理解している	5	4	3	2	1
(カ) 保護者は、全体的に、学校の教育実践に対して協力的であると思う	5	4	3	2	1
(キ) 保護者への対応・コミュニケーションが職務上の負担になっている	5	4	3	2	1
(ク) 保護者の意向や要望をきっかけにして、自らの教育実践を改善することがある	5	4	3	2	1
(ケ) 学校・学級での教育活動の実態について、地域住民に対し、説明している	5	4	3	2	1
(コ) 地域住民が学校に何を求めているのか理解している	5	4	3	2	1
(サ) 地域住民は全体的に、学校の教育実践に対して協力的であると思う	5	4	3	2	1
(シ) 地域住民への対応・コミュニケーションが職務上の負担になっている	5	4	3	2	1
(ス) 地域住民の意向や要望をきっかけにして、自らの教育実践を改善することがある	5	4	3	2	1

Q3．保護者とのコミュニケーションに関してお伺いいたします。今年度2学期（9月以降）のことについてご回答ください。

（ア）保護者から、児童のことについて個人的に受けた問い合わせや相談についてお答えください。

①9月以降に、個人的な問い合わせや相談を受けた保護者は何人くらいいらっしゃいましたか。

（＿＿＿＿）人程度（おおよその人数をご記入ください。）

②保護者から個人的に寄せられる問い合わせや相談は、1週間当たり平均して何件程度ありましたか。

（＿＿＿＿）件程度（おおよその平均件数をご記入ください。）

③問い合わせ・相談の具体的な内容について、多い方から3つ選択して○を付けてください。

1．子どもの学校での学習状況　　2．子どもの学校での生活態度

3．子どもの家庭での学習状況　　4．子どもの家庭での生活態度

5．子どもの交友関係　　6．家庭でのしつけのあり方

7．教育内容についての希望　　8．学校での学習指導についての希望

9．学校での生活指導についての希望

10．学級編制についての希望　　11．担任の教諭についての希望

12．教職員の人事異動・校内での担当業務についての希望

13．その他（具体的にご記入ください。＿＿＿＿＿＿＿＿＿＿＿＿＿＿＿＿＿＿＿＿＿）

（イ）先生から個々の保護者に対してなさった電話・面談等による連絡や相談についてお答えください。

①9月以降に、先生から連絡や相談をなさった保護者は何人くらいいらっしゃいましたか。

（＿＿＿＿）人程度（おおよその人数をご記入ください。）

②先生から個々の保護者に対する連絡や相談は、1週間当たり平均して何件程度されましたか。

（＿＿＿＿）件程度（おおよその平均件数をご記入ください。）

③連絡・相談の具体的な内容について、多い方から3つ選択して○を付けてください。

1．学校の教育内容　　2．学校の学習指導　　3．学校の生活指導

4．学校の学級編制　　5．子どもの学習状況　　6．子どもの生活態度

7．子どもの交友関係　　8．子どもの地域における放課後の過ごし方

9．その他（具体的にご記入ください。＿＿＿＿＿＿＿＿＿＿＿＿＿＿＿＿＿＿＿＿＿）

Q4. 職務のやりがいや職場環境に関して、㋐～㋚のことについてご自身がどの程度お感じになられているか、当てはまるものに○を付けてください。

	とても感じる	わりと感じる	どちらとも言えない	あまり感じない	まったく感じない
㋐ 教師としての日々の仕事にはやりがいがある	5 —	4 —	3 —	2 —	1
㋑ 授業づくりに力を注ぎやすい雰囲気がある	5 —	4 —	3 —	2 —	1
㋒ 学校経営に関して、任されている仕事の種類が多くて負担になっている	5 —	4 —	3 —	2 —	1
㋓ 学校の運営方針や教育目標・課題は、主に管理職がその考えに基づいて設定している	5 —	4 —	3 —	2 —	1
㋔ 学校の運営方針や教育目標・課題の設定に際し、積極的に自分の意見を述べやすい	5 —	4 —	3 —	2 —	1
㋕ 職員会議では、管理職からの報告・指示よりも、相互に意見や情報を交換するようなコミュニケーションが活発である	5 —	4 —	3 —	2 —	1
㋖ 指導方法や学級経営の方法など、職場において日頃から気軽に仕事の相談をしやすい	5 —	4 —	3 —	2 —	1
㋗ 指導方法や学級経営の方法について、同僚の教職員から率直な指摘がなされることがよくある	5 —	4 —	3 —	2 —	1
㋘ 指導方法や学級経営の方法について、上司から改善や工夫を求められることがよくある	5 —	4 —	3 —	2 —	1
㋙ 学習指導や学級経営において困難な問題が生じたときは、他の教職員の助言等をもらうよりも、自分の力で解決するようにしている	5 —	4 —	3 —	2 —	1
㋚ 校内で行う授業研究により、自分の教育活動の質が向上した	5 —	4 —	3 —	2 —	1

Q5. お仕事の相談に関してお伺いいたします。今年度2学期（9月以降）のことについて、㋐～㋓の設問にお答えください。

㋐ お仕事のことで、個人的によく相談をされる方は、どれくらいいらっしゃいますか。

（＿＿＿＿＿＿）人程度

資　料　233

(イ)　上記(ア)でお答えいただいた方のうち、上位5人（Aさん～Eさん）を思い出していただいて、それぞれどのような方かをお答えください。

　　1．現在の上司　　　　　　　　　2．以前の上司

　　3．現在の同僚　　　　　　　　　4．以前の同僚

　　5．研究会・勉強会での知り合い　　6．クラブ活動・生徒指導等の知り合い

　　7．その他

　　Aさん（　　　　）（7．その他の場合は右にご記入ください：＿＿＿＿＿＿＿＿＿）

　　Bさん（　　　　）（7．その他の場合は右にご記入ください：＿＿＿＿＿＿＿＿＿）

　　Cさん（　　　　）（7．その他の場合は右にご記入ください：＿＿＿＿＿＿＿＿＿）

　　Dさん（　　　　）（7．その他の場合は右にご記入ください：＿＿＿＿＿＿＿＿＿）

　　Eさん（　　　　）（7．その他の場合は右にご記入ください：＿＿＿＿＿＿＿＿＿）

(ウ)　上記(イ)でお答えいただいたAさん～Eさんのそれぞれのご関係について、下記より選んでご記入ください。

　　1．毎日会話するくらいのつきあいがある

　　2．ときどき会話するくらいのつきあいがある

　　3．お互い名前を知っている程度のつきあいである

　　4．お互いのことを全く知らない

　　5．よくわからない

　　AさんとBさん（　　　　　）AさんとCさん（　　　　　）

　　AさんとDさん（　　　　　）AさんとEさん（　　　　　）

　　BさんとCさん（　　　　　）BさんとDさん（　　　　　）

　　BさんとEさん（　　　　　）CさんとDさん（　　　　　）

　　CさんとEさん（　　　　　）DさんとEさん（　　　　　）

(エ)　相談の主な内容として、多い方から3つまで選択してください。

　　1．学校の教育目標や方針　2．学級経営　3．児童の学習状況

　　4．生徒指導　5．教育課程　6．指導方法　7．教職員の人事異動・配置

　　8．保護者への対応　9．地域住民等への対応

　　10．その他（具体的にご記入ください。＿＿＿＿＿＿＿＿＿＿＿＿＿＿＿＿＿＿＿）

Q6．学校の以下のような活動や意思決定について、保護者や地域の方々の支援・協力は必要であると思いますか。㋐保護者の支援・協力と㋑地域住民の支援・協力それぞれについて、①〜⑭の活動や決定事項に関してご自身のお考えに近いものに○を付けてください。

㋐　保護者の支援・協力について

	保護者の支援・協力は必要だと思う			と保護者の支援・協力は必要ない	保護者の支援・協力が必要かどうかわからない
	ぜひ積極的に支援・協力をお願いしたい	しかし、実際に支援・協力してもらえるかどうかわからない	しかし、自分は支援・協力をお願いしたいとは思わない	思う	
①各教科の授業補助（ドリルの採点や配布物の準備など教員のアシスタント）・・・・・・・・・・・・・・・	5 —	4 —	3 —	2 —	1
②児童に対する個別的な学習支援・・・・	5 —	4 —	3 —	2 —	1
③特別支援を要する児童（LD や ADHD など）への対応の補助・・・・・・	5 —	4 —	3 —	2 —	1
④給食・食育指導の補助・・・・・・・・	5 —	4 —	3 —	2 —	1
⑤クラブ活動の指導補助・・・・・・・・	5 —	4 —	3 —	2 —	1
⑥校内の環境整備（花壇の手入れなど）・・	5 —	4 —	3 —	2 —	1
⑦図書の整理・読み聞かせ・・・・・・・	5 —	4 —	3 —	2 —	1
⑧校外学習におけるゲスト講師・・・・・	5 —	4 —	3 —	2 —	1
⑨学校行事の補助・・・・・・・・・・・	5 —	4 —	3 —	2 —	1
⑩登下校時の安全確保・・・・・・・・・	5 —	4 —	3 —	2 —	1
⑪学校の教育目標・方針の決定・・・・・	5 —	4 —	3 —	2 —	1
⑫教育内容の決定・・・・・・・・・・・	5 —	4 —	3 —	2 —	1
⑬学校予算の運用（学校に配分された予算の使い方の決定や点検）・・・・・	5 —	4 —	3 —	2 —	1
⑭教職員の任用（教職員の人事異動や校内における配置の決定）・・・・・・	5 —	4 —	3 —	2 —	1

(イ) 地域住民の支援・協力について

	地域住民の支援・協力は必要だと思う				
	ぜひ積極的に支援・協力をお願いしたい	しかし、実際に支援・協力してもらえるかどうかわからない	しかし、自分は支援・協力をお願いしたいとは思わない	地域住民の支援・協力は必要ないと思う	地域住民の支援・協力が必要かどうかわからない
①各教科の授業補助（ドリルの採点や配布物の準備など教員のアシスタント）・・・・・・・・・・	5 —	4 —	3 —	2 —	1
②児童に対する個別的な学習支援・・・・	5 —	4 —	3 —	2 —	1
③特別支援を要する児童（LD や ADHD など）への対応の補助・・・・・・	5 —	4 —	3 —	2 —	1
④給食・食育指導の補助・・・・・・・・	5 —	4 —	3 —	2 —	1
⑤クラブ活動の指導補助・・・・・・・・	5 —	4 —	3 —	2 —	1
⑥校内の環境整備（花壇の手入れなど）・・	5 —	4 —	3 —	2 —	1
⑦図書の整理・読み聞かせ・・・・・・・	5 —	4 —	3 —	2 —	1
⑧校外学習におけるゲスト講師・・・・・	5 —	4 —	3 —	2 —	1
⑨学校行事の補助・・・・・・・・・・・	5 —	4 —	3 —	2 —	1
⑩登下校時の安全確保・・・・・・・・・	5 —	4 —	3 —	2 —	1
⑪学校の教育目標・方針の決定・・・・・	5 —	4 —	3 —	2 —	1
⑫教育内容の決定・・・・・・・・・・・	5 —	4 —	3 —	2 —	1
⑬学校予算の運用（学校に配分された予算の使い方の決定や点検）・・・・・	5 —	4 —	3 —	2 —	1
⑭教職員の任用（教職員の人事異動や校内における配置の決定）・・・・・・	5 —	4 —	3 —	2 —	1

学校の教育活動において保護者・地域住民の支援や協力を求めること、また、学校の意思決定に際し保護者・地域住民の参画を求めること等について、現状を踏まえたお考えや感想、ご意見があれば自由にお聞かせください。

アンケートは以上です。ご協力ありがとうございました。

資　料　　237

【保護者対象】

Q1．ご自身のことについてお伺いいたします。

①性別

　　1．男性　　2．女性

②年齢

　　1．20歳代　　2．30歳代　　3．40歳代　　4．50歳代　　5．60歳以上

③お子様の人数と学年についてお答えください。

　　　　未就学　　　　　　（　　　　　）名　　　　小学校第1学年（　　　　　）名

　　　　小学校第2学年（　　　　　）名　　　　小学校第3学年（　　　　　）名

　　　　小学校第4学年（　　　　　）名　　　　小学校第5学年（　　　　　）名

　　　　小学校第6学年（　　　　　）名　　　　中学生以上　　　（　　　　　）名

④○○小学校区にお住まいになってからの年数

　　　（　　　　　）年

Q2．お子様の日常生活や学校の教育活動についてのお考えや関わり方についてお伺いいたします。㋐～㋟のそれぞれの項目について、ご自身のお考えに近い回答として「とても当てはまる」～「まったく当てはまらない」のいずれかひとつに○を付けてください。

	とても当てはまる	わりと当てはまる	どちらとも言えない	あまり当てはまらない	まったく当てはまらない
㋐　その日に子どもが学校での出来事について家で話をすることが多い	5	4	3	2	1
㋑　子どもの家庭学習（学校の宿題を含む）の様子を確認している	5	4	3	2	1
㋒　子ども以外の家族と、子どもの生活やしつけ、教育等についてよく話し合うようにしている	5	4	3	2	1
㋓　子どもに就いてほしい職業や将来像について、親として具体的な考えがある	5	4	3	2	1
㋔　子どもは学校に行くのが好きなようである	5	4	3	2	1
㋕　子どもの学校には愛着を感じる	5	4	3	2	1

(キ) 子どもの学校の教育活動には、保護者の希望や考えが反映されていると思う

5 ― 4 ― 3 ― 2 ― 1

(ク) 塾など学校以外の教育を受けさせる必要があると感じている

5 ― 4 ― 3 ― 2 ― 1

(ケ) 子どもの友達のことはある程度わかっている

5 ― 4 ― 3 ― 2 ― 1

(コ) 子どもの学級担任の先生のことはある程度わかっている

5 ― 4 ― 3 ― 2 ― 1

(サ) 学校の先生は、子どもの学校や学級の様子を保護者に知らせてくれる

5 ― 4 ― 3 ― 2 ― 1

(シ) 学級懇談会には参加している

5 ― 4 ― 3 ― 2 ― 1

(ス) 学校行事（運動会や授業参観など）には参加している

5 ― 4 ― 3 ― 2 ― 1

(セ) PTA活動には協力している

5 ― 4 ― 3 ― 2 ― 1

(ソ) 他の保護者と学校のことについて話をしている

5 ― 4 ― 3 ― 2 ― 1

Q3． お子様の学校への要望についてお伺いいたします。(ア)～(キ)のそれぞれの項目について、ご自身のお考えに近い回答として「とてもそう思う」～「まったくそう思わない」のいずれかひとつに○を付けてください。

	とてもそう思う	わりとそう思う	どちらとも言えない	あまりそう思わない	まったくそう思わない

(ア) 学校にはもっと熱心に教育に取り組んでほしい

5 ― 4 ― 3 ― 2 ― 1

(イ) 学校の教育活動には、保護者の希望や考えをもっと反映してほしい

5 ― 4 ― 3 ― 2 ― 1

(ウ) 学校の先生には、もっと子どもの様子を保護者に知らせてほしい

5 ― 4 ― 3 ― 2 ― 1

(エ) 学校の先生には、子どもへの指導について、保護者にもっと相談してほしい

5 ― 4 ― 3 ― 2 ― 1

(オ) 学校の教育方針について、丁寧な説明がほしい

5 ― 4 ― 3 ― 2 ― 1

(カ) 保護者の間で意見交換ができる機会（懇談会など）がもっとあるとよい

5 ― 4 ― 3 ― 2 ― 1

(キ) 学校の先生と保護者が交流できる機会がもっとあるとよい

5 ― 4 ― 3 ― 2 ― 1

資　料　239

㈠	子どもの教育は学校に任せた方がよい	5	—	4	—	3	—	2	—	1
㈢	学校で起こったことは学校で解決すべきである	5	—	4	—	3	—	2	—	1

㈣　保護者が学校に希望や考えを言うことはできるだ
　　け控えるべきだ　　　　　　　　　　　　　　　　5 — 4 — 3 — 2 — 1

㈤　学校には、子どものしつけや生活態度の形成にも
　　力を入れて取り組んでほしい　　　　　　　　　　5 — 4 — 3 — 2 — 1

㈥　学校の先生には、地域の活動にもっと参加してほ
　　しい　　　　　　　　　　　　　　　　　　　　　5 — 4 — 3 — 2 — 1

㈦　ボランティアなどで学校の授業やその他の活動に
　　参加したい（あるいは参加を続けたい）　　　　　5 — 4 — 3 — 2 — 1

㈧　学校行事にもっと参加したい　　　　　　　　　　5 — 4 — 3 — 2 — 1

㈨　PTAの役員をやってみたい（あるいは続けたい）　5 — 4 — 3 — 2 — 1

㈩　家でできることであれば、学校の活動に協力した
　　い　　　　　　　　　　　　　　　　　　　　　　5 — 4 — 3 — 2 — 1

㊀　学校の運営や教育方針について意見を言える機会
　　があれば参加したい　　　　　　　　　　　　　　5 — 4 — 3 — 2 — 1

Q4．学校の先生とのコミュニケーションに関してお伺いいたします。今年度2学期（9月以降）のことについてお答えください。

㋐　定例の家庭訪問や保護者会、個人面談以外の、担任の先生とのコミュニケーションについてお伺いいたします。

①9月以降これまでに、担任の先生に対して個人的に相談・お願いをされたことは何回くらいありましたか。(a)～(c)それぞれについておおよその回数をご記入ください。

(a)　担任の先生からかかってきた電話で　（＿＿＿＿）回程度

(b)　担任の先生にかけた電話で　（＿＿＿＿）回程度

(c)　担任の先生との面談で　（＿＿＿＿）回程度

②相談・お願いの内容はどのようなものでしたか。多い方から3つ選択して○を付けてください。

1．子どもの学校での学習状況　　2．子どもの学校での生活態度

3．子どもの家庭での学習状況　　4．子どもの家庭での生活態度

5．子どもの交友関係　　6．家庭でのしつけのあり方　　7．教育内容についての希望

8．学校での学習指導についての希望　　9．学校での生活指導についての希望

10．学級編制についての希望　　11．担任の先生についての希望

12. 先生の人事異動や校内での担当業務についての希望

13. その他（具体的にご記入ください。＿＿＿＿＿＿＿＿＿＿＿＿＿＿＿＿＿＿）

(イ) 担任以外の先生や校長先生等とのコミュニケーションについてお伺いいたします。

① 9月以降これまでに、担任以外の先生や校長先生等に対して、面談や電話等で個人的にお子様のことについて相談やお願いをされたことは何回くらいありましたか。

（＿＿＿＿＿＿）回程度

② 相談やお願いをした相手について、該当するものすべてに○をつけて、おおよその回数をご記入ください。

1. 校長（＿＿＿＿）回程度　　2. 副校長・教頭（＿＿＿＿）回程度

3. 学年主任（＿＿＿＿）回程度　　4. 1〜3以外の教員（＿＿＿＿）回程度

5. その他（具体的にご記入ください。＿＿＿＿＿＿＿＿＿＿＿＿＿＿＿＿＿＿）

③ 相談・お願いの内容はどのようなものでしたか。多い方から3つ選択して○を付けてください。

1. 子どもの学校での学習状況　　2. 子どもの学校での生活態度

3. 子どもの家庭での学習状況　　4. 子どもの家庭での生活態度

5. 子どもの交友関係　　6. 家庭でのしつけのあり方　　7. 教育内容についての希望

8. 学校での学習指導についての希望　　9. 学校での生活指導についての希望

10. 学級編制についての希望　　11. 担任の先生についての希望

12. 先生の人事異動や校内での担当業務についての希望

13. その他（具体的にご記入ください。＿＿＿＿＿＿＿＿＿＿＿＿＿＿＿＿＿＿）

Q5. 学校や地域の活動への参加状況やこれに関するお考えについてお伺いいたします。(ア)〜(ク)のそれぞれの項目について、当てはまるものに○を付けてください。(ア)・(オ)については、該当する場合には（　　）に詳細をご記入ください。

(ア) 学校における日頃の教育活動にボランティアとして参加されていますか。

1. 参加している

→（平均的な時間数をご記入ください。）週あたり平均（＿＿＿＿＿＿）時間程度

具体的にどのようなボランティアをされているかご記入ください。

（＿＿＿＿＿＿＿＿＿＿＿＿＿＿＿＿＿＿＿＿＿＿＿＿＿＿＿＿＿＿＿＿）

資　料　241

2．過去にしていたことがある

　　　具体的にどのようなボランティアをされていたかご記入ください。

　　　（　　　　　　　　　　　　　　　　　　　　　　　　　　　　　　）

3．参加したことはない

㈱　子どもの育成に関わる地域の行事・活動に参加されていますか。

　1．積極的に参加している

　2．できるだけ参加している

　3．あまり参加していない

　4．まったく参加していない

㈲　自治会や町内会など地域団体の役員や係をされていますか。

　1．している

　　　具体的にどのような役員・係をされているかご記入ください。

　　　（　　　　　　　　　　　　　　　　　　　　　　　　　　　　　　）

　2．過去にしていたことがある

　　　具体的にどのような役員・係をされていたかご記入ください。

　　　（　　　　　　　　　　　　　　　　　　　　　　　　　　　　　　）

　3．したことはない

㈳　自治会や地域団体等による行事・活動（子どもの育成を直接の目的としない）に参加されていますか。

　1．積極的に参加している

　2．できるだけ参加している

　3．あまり参加していない

　4．まったく参加していない

㈵　ご近所で、日常的に会話を交わしたり、交流のあるご家庭は、どれくらいありますか。

　1．ある　→おおよその家庭数をご記入ください

　　　　　（　　　　　）家庭くらい

　2．ない

(カ) 現在お住まいの地域で、困ったときに助け合える近所付き合いや人間関係があるとお感じに
なられていますか。

　　1．大いにあると感じる

　　2．ある程度あると感じる

　　3．あまりないと感じる

　　4．まったくないと感じる

　　5．わからない

(キ) 現在お住まいの地域の文化や風土に満足されていますか。

　　1．とても満足している

　　2．わりと満足している

　　3．あまり満足していない

　　4．まったく満足していない

　　5．わからない

(ク) できれば子どもにも現在お住まいの地域に住み続けてほしいと思いますか。

　　1．大いにそう思う

　　2．ややそう思う

　　3．あまりそう思わない

　　4．まったくそう思わない

　　5．わからない

資　料　243

Q6．学校の以下のような活動や意思決定について、保護者の方々の支援・協力は必要であると思いますか。また、ご自身は学校の支援・協力に携わりたいとお考えでしょうか。①～⑭の活動や決定事項それぞれについて、ご自身のお考えに近いものをひとつ選んで○を付けてください。

	保護者の支援・協力は必要だと思う			保護者の支援・協力は必要ないと思う	保護者の支援・協力が必要かどうかわからない
	自分もぜひ支援・協力したい	しかし、自分が支援・協力できるかどうかはわからない	しかし、自分が支援・協力したいとは思わない		
①各教科の授業補助（ドリルの採点や配布物の準備など教員のアシスタント）・・・・・・・・・・・・	5 —	4 —	3 —	2 —	1
②児童に対する個別的な学習支援・・・・	5 —	4 —	3 —	2 —	1
③特別支援を要する児童（LD や ADHD など）への対応の補助・・・・・・	5 —	4 —	3 —	2 —	1
④給食・食育指導の補助・・・・・・・・	5 —	4 —	3 —	2 —	1
⑤クラブ活動の指導補助・・・・・・・・	5 —	4 —	3 —	2 —	1
⑥校内の環境整備（花壇の手入れなど）・・	5 —	4 —	3 —	2 —	1
⑦図書の整理・読み聞かせ・・・・・・・	5 —	4 —	3 —	2 —	1
⑧校外学習におけるゲスト講師・・・・・	5 —	4 —	3 —	2 —	1
⑨学校行事の補助・・・・・・・・・・・	5 —	4 —	3 —	2 —	1
⑩登下校時の安全確保・・・・・・・・・	5 —	4 —	3 —	2 —	1
⑪学校の教育目標・方針の決定・・・・・	5 —	4 —	3 —	2 —	1
⑫教育内容の決定・・・・・・・・・・・	5 —	4 —	3 —	2 —	1
⑬学校予算の運用（学校に配分された予算の使い方の決定や点検）・・・・・	5 —	4 —	3 —	2 —	1
⑭教職員の任用（教職員の人事異動や校内における配置の決定）・・・・・・	5 —	4 —	3 —	2 —	1

学校の教育活動に保護者・地域の方々が支援・協力されること、また、学校の意思決定に保護者・地域の方々が参画されること等について、現状を踏まえたお考えや感想、ご意見があれば自由にお聞かせください。

アンケートは以上です。ご協力ありがとうございました。

著者略歴

三浦　智子（みうら　さとこ）

1979年　東京都生まれ
2005年　東京大学大学院教育学研究科修士課程修了。修士（教育学）
2016年　東京大学大学院教育学研究科博士課程修了。博士（教育学）
2017年　弘前大学大学院教育学研究科准教授。現在に至る

教育経営における責任・統制構造に関する研究

2019年1月31日　初版第1刷発行

著　者　　三　浦　智　子

発行者　　風　間　敬　子

発行所　　株式会社風　間　書　房

〒101-0051　東京都千代田区神田神保町1-34
電話 03(3291)5729　FAX 03(3291)5757
振替 00110-5-1853

印刷　藤原印刷　　製本　高地製本所

©2019　Satoko Miura　　　　　　　NDC 分類：374
ISBN978-4-7599-2259-2　　Printed in Japan

JCOPY 〈㈳出版者著作権管理機構　委託出版物〉

本書の無断複製は、著作権法上での例外を除き禁じられています。複製される場合はそのつど事前に㈳出版者著作権管理機構（電話 03-5244-5088,
FAX 03-5244-5089, e-mail:info@jcopy.or.jp）の許諾を得てください。